沖島勲

未映画化シナリオ集成

モノローグ

戦後小学生日記

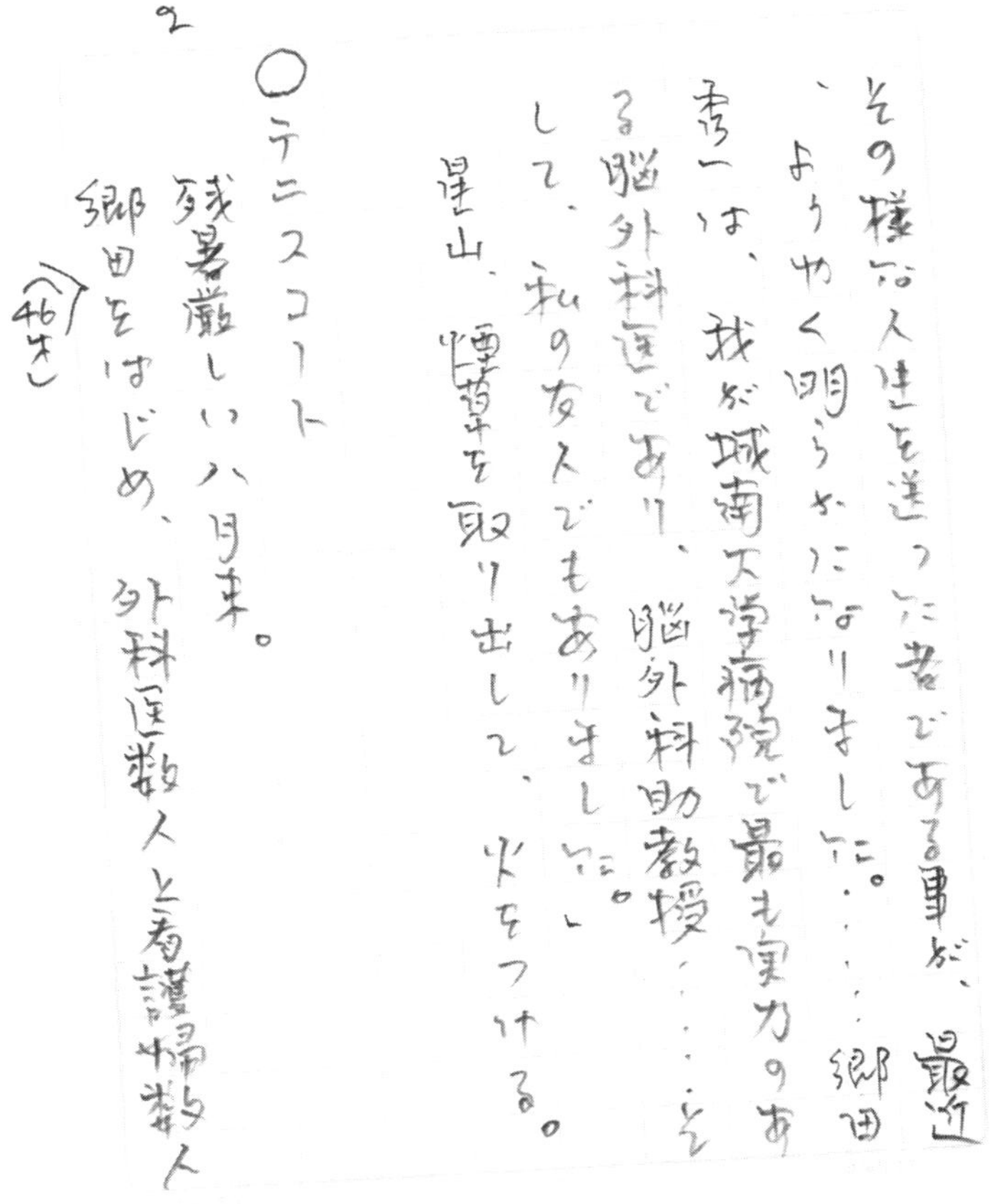
その様な人生を送った者である事が、最近
、ようやく明らかになりました……。郷田
秀一は、我が城南大学病院で最も実力のあ
る脳外科医であり、脳外科助教授……と
して、私の友人でもありました。
星山、煙草を取り出して、火をつける。

2

○テニスコート
残暑厳しい八月末。
郷田（46才）をはじめ、外科医数人と看護婦数人

書肆 子午線

モノローグ

——戦後小学生日記——

沖島勲

未映画化シナリオ集成

書肆 子午線

我々の作る映画は、〝将来〟へ向けての〝習作〟ではない。
今、最も、〝正しい映画〟なのだ。

断り書き

＊……原文中・明らかな誤字脱字等は改めたが、訂正にあたらないと思われる誤記・あて字に関しては原文に従った。

＊……原文のかな遣いに関して、「づ」や「ず」など慣習的表記および作者の意図が感じられる促音表記についても原文に従った。

＊……シナリオ中の記号表記に関してもすべて原文通りとした。

＊……準備稿の余白に著者によって書かれた直しなどのメモ書きは、（＊著者による書き込み「〜」）として註の形で本文中に記した。

モノローグ

——戦後小学生日記——

沖島勲

未映画化シナリオ集成

未映画化シナリオ

モノローグ
――戦後小学生日記――

脚本・監督……沖島 勲
企画・製作……Y・Y・Kプロダクション

登場人物

イサオ（4歳位）
〃（一～二年生）
〃（三～四年生）
〃（五～六年生、中学一年生）
母親
兄
姉
妹
藤野先生
佐山先生
ヒステリーの先生
山内先生
丸川先生
羽田先生
吉川先生
その他の先生
松野（三年）
斉藤とも子（五年）
和泉（五年）
竹田（五年）
西尾（五年）
ケンちゃん（五年）
友人A（二年）
赤頭巾ちゃんを演じる先輩（五年）
渡辺の小母さん
上之山の小父さん
上之山の小母さん
佐山先生の姑
兄の友人A（高校生）
兄の友人達数人（高校生）
前の家の娘さん
変な劇団の役者・爺さん役
〃・婆さん役
監督（ナレーションを含む）
プロデューサーらしき男
その他のスタッフ

1

紙芝居の、木の枠

絵の部分に――

古い書体で、タイトル、

『モノローグ

――戦後小学生日記』

2

本屋

監督、棚から文庫本を一冊、抜き取る。

3

監督の書斎

文庫本、〝水木しげる著『コミック・昭和史』〟を手にして、読んでいる。

監督のモノローグ（ナレーション、以下Nとする）が入る。

N「水木しげるの漫画、『コミック・昭和史』を読んでた」

4

漫画のコマが入る（予定）

『コミック・昭和史、第一巻第十一章』

しげる少年が、墓場や、お稲荷さん、神社等を、一人うろついている。

N「そうしたら、これ、水木しげるの子供の時代の部分なんだけど……非常に不思議な子供で、休みの日になると、ブラブラと言うかボーッとと言うか、近所へ探索に出掛けるんだよ。……つまりネ、何か、この世と違う世界が、自分の周りに隠されている。その記しというか、暗示しているものを、ボンヤリ辿って行くんだネ。……これって、凄く、良いカンしている。……本当に、墓だの、鳥居だの、地蔵だのと、この世と別世界を示す物を、人間は一杯、その辺に痕跡を残しているんだからね」

○漫画のコマの間に——

実際の、薄暗い、墓場やお稲荷、神社等の画像がWる。

N「で……この漫画のこの部分を読んでる時にネ、自分にはこういう習癖は無かった。でも、ヤッパリ、別のものがあった。……つまり、水木少年が、何となく導き出されて行く、不思議な感覚、大人になって忘れてしまっていたけど……何時も、良く分らなかった、さ迷っていたような感覚を、思い出したんだよネ」

5 監督のシルエット

録音スタジオの、片隅辺り……。

前に小さいデスクを置いている。

煙草を吸いながら、

N「夢って言うのがそうだけど……起きたら、大抵、忘れてしまってるよね。それと同じでネ……大人になったら、忘れてしまっているという事があるんだネ。ややこしい言い方になるけど、御丁ねいに……忘れてしまっているという事も、忘れてしまってるんだね……。水木さんの漫画を見てて、改めて、その事に気付いたというかね……」

煙草を消す。

6 監督のシルエット。UP

N「（OFF）何から始めても良いんだけど……漫画から始まったんで、紙芝居の話から始めよう」

7 学校帰りのイサオ

ランドセルには入らないので、かなり大きい目の荷物を手に提げている。
N「小学校一年だったか二年だったか、その辺がハッキリしないんだけど……学芸会で発表する為に、学年で二人だけ、紙芝居を描いてくるように言われたんだよ」
○イサオの自宅――
包みの中から、部厚い画用紙の束（20枚位）を取り出す。

母親も、手に取って見る。

方眼紙様に、ブルーの罫が引かれた、部厚い画用紙。

N「戦争直後だから、画用紙なんか、ロクロクありゃしなぃ。それで、学校から支給されたんだよ。どう言う訳か、方眼紙状に、罫の入った画用紙だった。やたら部厚くって、馬糞紙って言うの？馬糞紙は古いか……まァ、そんな画用紙だった」

○お手本にした絵本の、「カチカチ山」。その画像が展開して――

N「それでネ……話まで学校で決められてたの……思い返せば、『カチカチ山』だよな……今は、こんな事ないんだろうけど、何でも学校で決めるんだよ。で……勿論、そんな話、正確には知らない訳だから、手本というか、ネタになる絵本かなんか、借りて来たんだろうけど……」

○姉と兄が、絵本を見ながら、何やら相談（打ち合わせ）をしている。

N「でネ……今日、言いたいって事は……僕には、八つ・九つ上の、姉と兄が居たんだけど……この二人が、全部、描いちゃったって事なんだよ」

○イサオを脇に置いて――

　姉と兄が、猛然と描き始める。

　ボーッと見ている、イサオ。

N「こういう事って、本当は、良くないんじゃないの？……で、当然の事なんだけど、俺なんかより、余っ程上手い訳だよ。うんと年上なんだから……」

○姉と兄、鉛筆の下描きが出来ると、イサオにクレヨンを出させ、着色して行く。

　センベイを、バリバリ食い乍ら、描く兄。

N「何で、彼等が描いたか……要するに、人様の前で発表するんだから、少しでも、格好の良い方が良いと……家族みんなで、見栄張ってる訳だよ」

○二人の、兎と狸。

　かなり、姿、形が異なる。

N「今でも覚えてるんだけど……兄貴と、姉貴が描いたものって、明らかに違うんだよ。キャラって言うか……うさぎにしろ、タヌキにしろネ……男と女だしね……描き方がネ……」
○背景に着色して行く、二人。
ポツンと眺めている、イサオ。
N「これ……担任の先生だって、明らかに誰かに書いて貰ったというのが分る訳だし、良くないでしょう。だって、全部、他人に描いて貰ったんじゃ、意味ないじゃん。でも、何も言わなかった……あまりに呆れてしまったのか……ヤッパリ、教師も、見栄を張ったのか……」
○イサオ、完成品を渡され、裏へ文字（読む文章）を書き始める。
N「で、今日、言いたかったのは……この事でネ、何となくの後ろめたさは、自然な感情として感じてはいたんだけど……それが、どの程度、本当に良くない事なのかは、遂に、良く分らなかったという事なんだよ。つまり、そこんところを、ボーッとして、自分でも、不思議な感じがしたって事……」
○紙芝居が完成したらしく、母親も入って、手を叩いて喜んでいる。
ボーッとして見ている、イサオ。

8　監督の、シルエット

N「これを発表した時の事は、全く、覚えていない……ウーン……何か、チョット、緊張したような感覚は残ってるけど、ハッキリしない。……」

9　小学校の全景（春）

N「一年生の話があったんで、じゃ、二年生になる時の話をするか……。アア、その前に、この一年生の時の、藤野先生の話をしとくか……」

○一年生最初の授業――（多分、入学式の後）

ワイワイ、ガヤガヤ……大騒ぎの一年坊主。そこいらを、走り回っている子もいる。周りを取り巻いている父兄（主に母親）も、結構、賑やかにお喋りしている。

担任の藤野先生（女）が入って来て、少し、シーンとする。

教壇で、挨拶を始める、藤野先生。

N「まァ、若くって、きれいな先生だった。勿論独身でさ……タダ、非常に硬いって言うか……真面目なタイプだった。……これ、お袋が登場する訳だから、一年生、一番最初の授業って言うか……入学式の、後だったんだろうね……」

○イサオの母親も、並んで立っている。

藤野先生の指示で、生徒達も、カバンからガタガタと教科書を取り出す。

イサオは、教科書が無い。

N「この時、俺、教科書なかった筈なんだ。何か、引っ越して来て、登録が遅れたとかで、教科書が支給されなかったの」

○少し、気にして、イサオの方を窺う母親。ポツネンとしている、イサオ。

藤野先生、何種類かの教科書を手に取って説明した後……国語の教科書だけを残して、後をしまわせる。
先生……まことに、改まって、
藤野先生「(おごそかに)……(ノンモン)」

10　イサオの家

母親が着換えながら、笑い転げる。

母親「(藤野先生の口調を真似て)皆さん……本を……お開けなさい……」

コロコロと笑い転げる、母親。

ポカーンと見ている、イサオ。

N「まァ、言いたかったのは、その事じゃなくって、この藤野先生の第一声を、家へ帰って、お袋が、真似してからかうんだよ」

着物を畳みながら、笑いが収まらない母親。

母親「(再び真似て)皆さん、本を、お開けなさい。……いくら、何でもナ……」

鼻をすすっている、母親。

ポカーンとしている、イサオ。

N「俺、何が面白いのか、分らなかった。……まぁ、その新米教師の、緊張し過ぎの固さというか、気取りを笑ってたんだろうけどね……」
○教室で……笑いをこらえている、母親。

N「お袋は、かつて教師をやってたし、この小学校でも、短い間やってたと言うから、余裕の、からかいというか……ね」

11　藤野先生のUP

藤野先生「(正面へ向かって。ノンモン)皆さん……本を……お開けなさい」

12　監督のシルエット

サイドから、少し明り。

何か、飲む。

N「ところで……この藤野先生はって言うと……」

ちょっと、笑う。

13　放課後の講堂

ひんやりと、涼し気な雰囲気。

グランド・ピアノが一台置いてあり、藤野先生が稽古をしている。

N「学校を止めておられたのか、何年もの間、見かけなかった……ところが、六年になった頃だと思うけど、又、教師として、戻って来ておられた」

○イサオ、掃除の道具を片付けに来て、フト、藤野先生に気付く。

N「こう言うのがネ……先生達の事情については、良く分らない生徒にとっては、非常に不思議な気がするんだよな……そんな事ない？」

○遠目に、不思議そうな表情で見ている、イサオ。

N「その間の事情を何も知らないから……忘れてた人間が、ポッとそこへ、戻ってたというか……」

○ピアノを弾く、藤野先生のUP。

N「何年振りかの藤野先生は、俺の目から見ても、女として、成熟してたね……まだ、独身だったけど……ハッキリ言って、周りの独身の男子教員達から、狙われてたネ」

○同じ講堂——

（藤野先生と交代して）羽田先生が、白っぽい、小さな花柄模様のワンピースを着て、ピアノを弾いている。

友達と二人……ピアノのスグ側まで来て見ている、イサオ。

N「ピアノで思い出したんだけど……その頃、ピアノが特別上手い、大学出たての、羽田先生というのが入って来られてね……まァ、若くて可愛い先生で、教わった事はないんだけど……」

○羽田先生——二人に気付いて、

羽田先生「ピアノ、好き？」

イサオ「（ドギマギしながら）ハイ……」

羽田先生、ちょっと得意気に——

左右の手を交錯させて、見事に弾き始める。

イサオ、驚いて……隣の友人と、顔を見合わせて、頷き合う。

イサオ「……!!」

ギョッとした表情。

先生のワンピースの裾が、フワリと、丸い椅子の全体をスッポリ覆っており……（カメラ、寄って行く）

N「……あれ、パンツで直《じか》に坐ってた事にならない？……あれには、驚いちゃった」

○その辺りを……凝視している、イサオ。

N「まァ、話が横道に外れて、申し訳無い。さっきの、藤野先生との事に戻らなきゃいけないんだけど……」

14　生徒達の、大移動

全校一斉のクラス変え（学年替り）で、全校の生徒達が、廊下を慌ただしく行き来している。

N「これが、えらい事になっちゃった。……要するに、一年から二年に変る、その変り目の時で……考えてみれば、これ、一年生にとっては初めての経験なんだよな」

15　或る日の、一年生の教室

教室の片隅に、ミカン箱に包装紙を貼った本箱があり、何冊かの本が収められている。（カメラ、ズーム・UP）

N「一年生の教室に、ミカン箱に包装紙を貼ったような、クラス自家製の本箱があって……そこに、生徒達が持ち寄った本が、何冊かあった」

○何人かの生徒が、その図書を利用している、風景——

据えつけのノートに、名前・日付を書いて、持って行く。

自分の机から、それを見守っている、藤野先生。

N「僕の本も数冊、要らなくなった本じゃないけど、まァ、あまり上等じゃない、あまり気に入ってない本を、何冊か供出した訳だ」

16　監督の、シルエット

コーヒーを、飲む。

N「ところで……このニュアンスが分って頂けるかどうか……」

続けて、喋る——

N「要するに……一年生の頭の中には、一年生が終了し、クラスの編成も変り、教室も担任の先生も、変ってしまうという事態が急に来てしまって……混乱したと言うか……下手をすると、行き場が無くなってしまうという不安が、あったと思う。それが、ちょっとボーッとしている間に、慌ただしくやって来たという感じなんだよ」

17　ガラーンとした午後の教室

（クラス編成の為）スッカリ片付いてしまっている、教室の風景。

本箱も本も、無い。

ソッと一人入って来たイサオ、けげんな表情で見廻している。

N「でね……まァ、やっと、そう言う事かと飲み込めた頃……〝アレーッ、じゃ、あそこにあった俺の本、どうしちゃったんだろう？〟と、思い出した訳だ」
○学校の側に咲いている、桃の花。
N「で……ここんとこが又、重要なんだけど……あまり重要な本じゃなかったけど、先生が持って来てというから持って来たけど、別に、上げた訳じゃないと思った訳だ」

18　下校の道

ランドセルを背負ったイサオが、帰って来る。しきりに、首をひねっている。

友人Aが、後から追いかけて来る。

イサオ、友人に何か話した後、又、首をひねる。

N「その事を、友達に話したんだろうなァー、不思議な気がしたから」

イサオ、立ち止まり、
イサオ「本が、何時の間にか、無くなってしまった」

歩いて行く、二人。

N「そうしたら、その事が、回り回って、藤野先生の耳に……自分が盗んだみたいなニュアンスで、入ったんだろうなァー。……逆りんに触れた」
○先の、全校生徒の大移動の最中――
生徒達の足音の、物凄い響き。

藤野先生……出会い頭に、イサオの手をむんずと掴むと、片隅に引っ張って行き、
藤野先生「（顔を真っ赤にして）どうして、そういう事を言うのッ‼」

N「丸で……嘘つきの子供を、叱るような調子だった。自分は、正義そのものでネ。……こんなにとっさじゃ、色々説明する余裕も無くって、全く、一方的にやられたという感じだった」

怒りの表情の、藤野先生と、イサオ。

19　校舎の、（無人の）情景（数カット）

N「まァ、あまり思い出したい事じゃないけど……大人にとっては、色々、単に事務的に処理した事の一つかも知れないけど、子供にとっては、訳が分らなくってね……パッと消えちゃった感じで……結局、本についてては、全く音沙汰無しで、返って来なかった」

20　監督のシルエット

立ち上がって、屈伸運動をしている。
N「ちょっと、番外篇と言うか……正確に、何時の話か分らない」
○監督、煙草を吸う。

その煙につけて、Ｐａｎ・ＵＰ。
闇の中に、花火が打ち上げられる。（成羽町の、現在の花火風景）
N「これは、今の、花火風景なんだけど……あの町は、昔から、花火大会というのは、有名だったんだ」
○仕掛け花火——
N「で、ね……本当に夢幻《ゆめまぼろし》のような記憶なんで、まだ、学校に行く前……そうすると、幼稚園の頃って事になるんだけど……僕は、この町に来て、次の年に一年だけ、幼稚園に行ってるんだけど……」
○闇の中に、最後の花火が打ち上げられ……そして、暗黒。
N「そうすると、戦争が終った、次の年の夏……」
○ゴロゴロと石ころが転ぶ河原——
イサオのおぼつかない足が、歩いて行く。

周りの人々の、混雑——

N「子供にとって、河原の石ころの中を、夜、人混みの中で歩くというのは、もう、それだけで精一杯の事でネ……勿論、誰かと一緒に行ってるんだけど、誰とだったかも、全く覚えていない」
○大人達の間に混じって、目を凝らしている、イサオ。
N「そこで、実に不思議なものを見たという事なんだけど……」
○河原に建てられた、仮設の舞台（やたら、照明が当たっている）で、ピカピカ光る衣裳をまとい、数人の半裸の女性達がにこやかに踊っている。

段々と衣装を剥いで行き、モールやテープが、やたらに、上から横から、降って来る。

N「ロングで見た印象と、もっと寄りで見た印象と両方残っているから、多分、近付いて行ったんじゃないか……」
○更に寄りのサイズ。
N「とに角、何をしてるのか、サッパリ分らなかった。面白くも、何とも無かった」
○半裸で身をくねらす、女達。
N「確かにストリップだった。今から、思えば……」
○盛り上がる、ストリップ。

21 監督の、シルエット

監督「理解出来なかった。誰も、説明してくれなかった。ストリップショーという言葉も知らなかったし、どんなものなのかも知らなかった」
○少し離れた壁に、画像が映る。
監督「だから、そんな事、長い間、思い出しもしなかった」
○河原では、ストリップショーが続き……
イサオが、目を見張って見ている。

22　監督のフルショット——

監督「僕が生まれた次の年に戦争が始まって、この事が、終戦の次の年だとしたら、当り前だけど、こんなものは、その日まで、日本中の何処にも無かった訳だから……正に、この世で初めて見た事だった」

23　現在の、花火大会——

24　監督の、シルエット

監督「まァ、僕の想像だけど——町役場の人間が、何も分らないまま、興行を呼んだら、そうだったと言う事じゃないの？」

○監督、ＵＰ。

監督「遠目にも華やかで、だけど、何なのか、何であんな事をしてるのか……全く分らなかっただけに、一種、異様な記憶として残っている」

25　ジッと見凝めている、イサオ（ＵＰ）

26　監督の、シルエット

監督「今じゃ、もう、誰も、この事を覚えてる人間は、居ないと思うよ」

暫くの、沈黙。

27　暗闇——

N「三年生になって、佐山先生と言う女の先生になったんだよ」

○ライトが点燈され……監督のバスト・サイズ、浮かび上がる。

N「色の白い、眼鏡をかけた、品の良い先生だった。その先生が、一学期もしない間に、結婚して、一旦やめられたんだ」

28　町外れの、川や橋のある風景

イサオと松野君が歩いて行く。

N「で、ね……結婚のお祝いに、下駄を持って行ってくれって……お袋に頼まれた。……我が家は、父親から送って来る為替で生活してたから、しょっ中、金が無かったけど、たまにはそんな余裕があったのか、赤い鼻緒の下駄だった」

イサオと松野君が、楽しそうに歩いて行く。

イサオの手には、風呂敷包み。

春の終りの——田園風景。

N「佐山先生の婚家先は、かなり遠い田舎の村だ。松野君という、近所の友人に付き合って貰って、一緒に行ったんだ」

○農家の庭先――（佐山先生の婚家）
イサオ「今日は……」
　奥へ、声を掛ける。
　最初に姑さん、そして佐山先生が顔を出す。
○縁側に坐って、お茶等を頂いている、二人。
　佐山先生を見る、イサオ。

29　監督のシルエット

　チラと、お茶を飲む。
○元の、縁側――
　イサオのＵＰ。
Ｎ「その時、俺が感じた事って言うのはネ……まず、佐山先生が、何か、学校で見た先生とは、違って見えたって事……これは、当り前の事だけど……」
○佐山先生、庭で草取りをする姑に、話しかける。
佐山先生「遠いところを、来てくれちゃったんですで《ママ》……」
姑「そうかな……」
佐山先生「（二人を示して）学校でもな……勉強が、良う出来るんですが……」
姑「フーン……」

イサオ、考え込んでいる。

N「更に言うとネ……佐山先生が、あまり元気が無いと言うか、何か、妙な言い方だけど、腑に落ちないと言う表情をしてた事……」

佐山先生の表情。
○門前で、別れを告げる、二人。
見送る、佐山先生。

二人、やって来て――振り返る。

遠く、手を振っている、佐山先生。

イサオの、UP。

N「この表情が、気になった。まァ、今風に言えば、若く希望に燃えていた女先生が、職場を一旦捨てて、どう言う事情か、結婚して田舎の家に閉じ込められた、そんな感じだろうかと思うんだけど……」
○田舎道を、歩いて行く、二人。
N「その時――僕が感じたのは、言い難いんだけど……後年、東海林さだおの漫画にあった ネ……」

30　東海林さだお作〝漫画・世界文学全集〟の一篇（予定）

物凄いブスの女が、初めて処女でなくなった後、実に歩きづらそうに、〝ワギワギ、ワギワギ〟と、ぎこちなく歩く図。

N「どうも、初めての経験で、股の間に、何か挟んでいるというか……まァ、止めましょう。これ以上言うと、下品になるから」

○夕暮れの道を――（町の方へ）帰って行く、二人。

31　三年生の教室

外からの、授業風景――

N「次に入って来た教師は、どうしようもなかった」

32　同・中

子供等全員がうなだれている。

N「産休――つまり、正式な先生がお産の為に休暇を取っている間、臨時に雇われた教師をそう呼ぶらしいんだけど、そんな言葉も初めて知った」

○怒鳴っている女教師の、物凄い形相が、延々と続く。

N「兎に角、何時も、怒鳴っている訳……もう、子供を相手に、本気で何もかも怒っている訳……ヒステリーと言うんだろうねぇー……」

○ビックリしている、生徒達――

N「そうねぇー……本人の中にある、センサーのようなものが狂っていて、そうすると、外界の何もかもが狂って見えるというか……そういう、狂ってしまっている人間が居るんだという事をね……

タダ、タダ、呆れました」

33　学芸会の、舞台裾

N「この女教師は、ほんの短い間しか我々の担任じゃなかったけど……その後も、ちょくちょく、学校で見かけたんだ」

○舞台裾で――イサオが、アラビアの旅人の扮装をして立っている。

N「確か、四年生の学芸会の時だったと思うけど、舞台裾で次の出番を待っている時……このヒステリーを、ちょっと見かけた」

○舞台裾から見た、舞台――

〝赤頭巾ちゃん〟を、五年生の男の子が、演じている。（本番中）

ミスばっかり演じる、先輩。

N「五年生の先輩が、赤頭巾ちゃんをやっているんだけど……男の子が、赤頭巾ちゃんを演じるというのも、どう言う事か……」

○舞台裾に、物凄い形相のヒステリーが立っている。

そして、大声で叫んでいる。

〝そこじゃないでしょ！　こっち、こっち……もう、ここで倒れるって言ったでしょ！……何で、言った通り出来ないの！　もう……恥ずかしィ!!〟

呆然としている、イサオのUP。

N「恥ずかしいのは、こっちだよ。本番中に、誰があんな、大声出す演出家が居るんダ！　全部、自分の責任じゃないか。それを、この期に及んでまで、他人の責任にしようと思ってるんだね。性格の悪い人間って、そう言う事までやるんだよ」

34　監督――カメラマン、スタッフ数人と、ブレイク・タイム

皆で、お茶を飲んでいる。

監督「まだ、三年生になったばかりの子供だったとはいえ、このままこの教師だったら、一体、どうなるんだろうという思いは、クラスの皆にあったと思うね。小学校の担任というのは、一日中、全科目をやる訳だからネ……収容所にでもいるような気分だった」

一間置いて――

監督「ところが、このヒステリー教師の思い出の中に、一回だけ、怒鳴ってない思い出があるんだよ」

スタッフ「へェ……」

N「これが、おかしいんだよ……さっき出て来た、松野君がらみの話なんだけどね……」

35　イサオの家（夜）

ボロ屋の一室。

イサオの兄と、その友人達数名（皆、高校生）が、蓄音機を持ち込んで、レコード鑑賞としゃれ込んでいる。

中に一人、娘さんも居る。

イサオと松野君も、端っこの方に坐っている。

N「僕の家で、兄貴達が、レコードの鑑賞会をやってた。家にはそんな物無かったから、兄貴の友達がどこかから調達して来たんだけど……家の前にあったお家の娘さんも呼ばれて来てた」

玄関に脱ぎ捨てられた、下駄や、靴。

兄の友人、新しい盤を取り上げ、
兄の友人A「〝ヴォルガの舟唄〟じゃな」

男性歌手の、〝ヴォルガの舟唄〟（ロシア語）が流れ始める。

神妙な面持ちで聴いている、一同。

N「で……その時かかってたのが、〝ヴォルガの舟唄〟って奴なんだよ」

目をつむって聴いている、松野とイサオ。

夜の庭に、音が流れる。

36
学校・音楽教室
あのヒステリー教師が、レコード鑑賞の授業をやっている。
流れているのは……〝ヴォルガの舟唄〟（ただし、曲のみ）
N「あの教師が怒鳴ってなかった記憶があるのは、この時だけだネ」

松野、イサオ、顔を見合わせ――（〃知ってる曲だ〃）、再び目をつむる。

教師、レコードを止め、
教師「今聞いた音楽で、どんな事を感じたか……どんな情景が頭に浮かんだか、言える人？」

松野君、恐る恐る、手を上げる。

指名されて――

松野「（わざとらしく）ウーン、そうだなァー、何か……船頭なんかが、舟を引いてるような感じというか……」

ビックリする、イサオ。（ストップ・モーション）

イサオのモノローグ。

〃それはないだろう……昨夜聞いたばっかりで、「ヴォルガの舟唄」って題は、知ってたんだから……〃

ビックリしている、イサオ。

もっとビックリの、教師。

教師「驚いタ！　そう、その通りよ。これは、〃ヴォルガの舟唄〃って言って、舟を引っ張ってるところの曲なんよ。何で、分ったんだろう、素晴らしィ!!」

照れたような表情の、演技をしている、松野。

呆れた表情の、イサオ。

37　下校時——松野をひやかしている、イサオ

N「イヤー、松野のあの芝居というのには、驚いた。曲だけ初めて聞いて、誰が、船頭が舟を引く姿なんか、想像出来るんダ！」

38　監督のシルエット

ロングと、手元の寄り——

N「自意識って言う事で、言っときたいんだけど……音楽を聞いている時に、その事に没頭出来ないで……聞いている自分を意識してしまうっていうサ……」

○先の場面——

イサオ、目をつむって音楽を聴いているが……目を開け……又、目をつむり……。

N「まァ、忘我と言う訳にはいかないで、大なり小なり、皆、そうだろうけど……」

○監督のシルエット……バスト。

N「この事を、どう考えたらいいのか……つまり、自分を意識してしまう自意識ってものをネ、子供に教えといた方が良いと思うけど……子供によっては、結構苦しむし、ノイローゼ等というのも、それが高じて起こるんだろうから……」

39　夕暮れの、空と山の風景——

（当時の風景として。夏の終り）

N「あまり言いたくない場面なんだけど、僕の原点になったような体験でネ……僕は大阪で生まれて、翌年戦争が始まって……四歳の時、岡山へ疎開している。そうして、父親の実家、まァ、お爺さんの家だけど……まァ、色々とあってネ、母は僕を連れて、自分の実家のあった町へ脱出する訳なんだ。母親の実家には、もう、誰も住んでいる者は、居なかった。それが、成羽町って、それ以後、ズッと、小学校を過ごす場所だけどね……」

40　夕暮れ——宗門橋の上

お腹の大きい母と、四歳のイサオ。

N「一日中山道を歩いて——夕方、町に着くと、空に月が登っていた」

月を見上げる、イサオ。（全て、背後から）

N「僕にとっては、初めての町でネ……で、不思議な事なんだけど、月が出ている、と……何とも言いようのないホッとした感じと、これからへの不安の混じった感じでそれを見るんだけど……同時に、〝自分は、今感じている事を、一生忘れないだろう。これからも、何度も思い出すだろう〟と……そう思ったんだね。これ、自意識だよ。……何処から、こんな感覚が、やって来るのかねー……」

41　イサオの家（蔵の中の部屋。冬の夜）

炬燵を囲んで、母、イサオ（五年生）、妹が、ラジオを聞きながら、一家団欒。

母は内職をしており、イサオはそれを手伝っている。

N「これと同じ事が、その後もあった。ちょっと、恥ずかしいんだけど……一家団欒と言うか、夜、食事も終って、母が内職をしているのを、手伝っている時、凄く幸せだと思ったんだよ。……何か、色々、疲れてたんだろうなァ、ホッとしたんだよ。その時も……何故か、自分が今、こう思ったという事は、一生忘れないだろう、又、必ず思い出すだろう、と、そう思った。……自意識の、クレッシェンドだよ。それ以後の人生で……そんな風に思った事は、あまりない。俺は、家庭が壊れるって事は、凄く恐れていたからね」

42 現在の成羽

元のイサオの、住居辺り……（スッカリ、変っている）

監督が、ウロウロしながら——

〝スッカリ変ってしまった……どこがどこやら、分らない。この辺りに、家があったんだけど……道が出来てしまって……〟

43 監督のシルエット（正面より、バスト）

N「性の目覚めって言うか、性的な意識の話をしておこう。……これも、今回の話のテーマと同じように、自分でも、何が何やら分らない頃の話でネ……」

小学校三年頃の国語の教科書

（タイトルは、〝金の鯛〟？　確認必要）

挿絵（かなり細かく描いてある）が上段にあり、下段に文章。

その文章を、イサオの声が読んで行く。

大約、次の様な話（外国での話）——

「貧しく年老いた、漁師の夫婦が住んでいた。夫は毎日、近くの海へ、釣りに出掛けた。

或る日——大きな魚を釣り上げたと思ったら、それは金の鯛であった。

金の鯛は、お爺さんの望みは何でも聞くから、逃してくれと頼む。

お爺さんは、水瓶を一つ頼む。

帰ってみると、新しい水瓶が入っていた。

この事を聞いて、お婆さんは怒る。

〝何で、もっと値段の高い物を、頼まなかったのか〟と——

そして、次には〝自分は貴婦人になりたいから、そう頼んでくれ〟と言う。

次の日——お爺さんは、又、金の鯛を釣り上げ、そう頼む。鯛は〝造作もないこと〟と、海の中へ消える。

帰ってみると、きらびやかな屋敷の中に、着飾った女房が坐っていた。

そうして、こう言った。〝今度は、私は、女王になりたいのだ〟

かつての夫に、そう命令した。

老漁師は、又、海に出掛け……金の鯛を釣り上げ、そう頼んだ。
鯛は――今度は、無言で、海の中へ消えた。
帰ってみると――家は元のあばら家で、壊れた水瓶も元のまま、そして老いた婆さんが、ボロを着て坐っていた」

N「このね……漁師のかみさんが、段々と傲慢になって、漁師はそのまま貧乏人なのに、一人、いい身分になって行く。そうして、次々と漁師に命令する……ここんところ、妙に、刺激されて、まァ、一種興奮するんだよ」

○挿絵のUP、等――

N「どう言うんだろう……当時の我々って、本当に貧乏だったから、金持ちの身分なんてものが、今の我々には信じられない位、刺激的って言うかね……そこに、無闇に興奮するんだよ」

○教科書に、目を凝らしている、イサオ。
ボーッと、何やら、空想する。

N「これ……下手すると、SMの世界だよネ。まァ、そんな言葉なんか、後から、外からやって来たもので……もっと、言葉になる以前の感情なんだけど……」

45　突然――変な劇団が、先の場面を、コント仕立てで演じる（学芸会以下）

☆新しい瓶からPanすると――
毛皮のコートを着た婆さんが坐っている。

婆さん〝コートだけじゃ駄目じゃないか。家も、家具も……〟

ドシャーン‼

家の中が、金ピカの家具調度で飾られる。

爺さん〝これで、満足じゃろう？〟

婆さん〝まだまだじゃ〟

目を剥いて、怒る爺さん。

婆さん〝早く行って、女王様になれるよう、お願いしておいで〟

爺さん〝（小声で）何だ、えらそうに……〟

婆さん〝お黙りッ！　私は今日から……ここの女主人なんだよッ！　言う通りにおしッ‼〟

爺さん、ヨタヨタと、舞台端の海辺へ行く。ボール紙で作った鯛が、現れる。

爺さん〝今度は、女王様にして下せぇ〟

金の鯛〝バカ。……〟

……

爺さん、帰って来ると――

家の中はクモの巣だらけで、ボロをまとった婆さんが居る。

婆さん〝（鼻をたらし乍ら）お爺さーんッ‼……〟

N「もう、良いよ。止めなさいよ。……全然、そんなんじゃないよ！」

46　講談社版『乞食王子』

頁がめくられる。

N「それからネ……丁度その頃読んだ、『乞食王子』という物語でも、ちょっとだけ、似たような感じを持った。つまり、乞食と王子の、身分が逆転するという、ね。……だから、俺……ほんの短い間だけど、世の中の〝性的〟な事って……身分とか、貧富の違いとか、階級とか、そう言う事に関係した事かと思っていた時期がある」

47　井戸端の風景（昼）

その周りにムシロを敷いて、イサオ以下、三・四人の近所の子供等が坐っている。

N「だけど、友達というのは有り難いもんだねぇ。……特に学校じゃなくって、地域の友達というのはねぇー……」

イサオが本を朗読するのを、皆、嬉しそうに聞いている。

その中に、ケンちゃんも居る。

N「ケンちゃんというのは、僕より一年上で、凄く大人しい人でね……日頃、そんな事を言う人じゃなかったんだけど……」

○イサオと、ケンちゃんの、立ち話——

ケンちゃん「わし……外国の映画で、男と女が踊っとるのを見ると、ちんぽが立つんじゃ……」

驚いている、イサオ。

○手を上げて、皆と別れる、イサオ。

○夜——机に頬杖をついて、考え込んでいる、イサオ。

N「俺も、それ以後、段々とその事が分って来てね……どうも、俺の、モヤモヤした感じと言うのは、ケンちゃんが言うように、女というものが絡んでる事が分って来た」

○外国の映画（カラー）で——

男と女が、踊るシーン。

N「俺も、それ以後、正常に立つようになった。……良かった」

48 三年生の教室

二学期の初日——

教頭から紹介され、生徒に挨拶する、山内先生。

教壇で喋っている、山内先生。

N「——三年生の二学期途中から、山内先生が担任になった」

○商船大の制服を着ている、山内先生。

N「山内先生は、商船大を出たばっかりで、教師は丸で初めて、臨時代用教員だった。まァ、戦後スグで、日本に乗る船は無いし、郷里に帰られて、しばし教壇に立たれたのだろう」

○秋深い——校庭の風景。

N「僕は、この先生から、色々な体験をさせて貰ったし、映画の道へ進んだのも、この先生の影響だったんだけど……今日話すのは、まだ、着任されたばかりの、生徒の名前も顔も、先生の頭に入っていない、そんな時期の事だった」

49　朝の登校時——

イサオ、画板を肩に掛けて、学校へ向かう。

N「その日は、図画の時間があって、画用紙が一枚しかなくなっていて——」

○校門へ入る手前……イサオ、立ち止まって、ちょっと迷っている。

N「文房具屋で、買って行こうかどうしようか、迷っていたんだけど……まァ、魔がさしたと言うか……」

○そのまま、校門の中へ入って行く、イサオ。

50　三年生の教室

山内先生、黒板に向かって、写生について、話している。

N「山内先生は、写生の時間も初めてで……本格的と言うか……対象物を単に写すだけじゃなく、考えながら描け、と……建物の屋根は、どうなっているんだ……土台は、どうなのか……壁は、窓は……まァ、如何にも、商船大出身の先生らしいんだけど……三年生の子供にとっては、新鮮だったね……」

51　校庭での、写生風景——

グラウンドを隔てて、生徒達が土手に並んで、校舎を（鉛筆で）描いている。
後ろから見て回っている、山内先生。

山内先生「鉛筆で描けたら、持って来るように」

○イサオ——

横長に、校舎を描いている。
（鉛筆）下書きが、大体描けたので、立ち上がり、先生の処へ持って行く。

N「校舎を、横長に描いた」

○先生の所——（土手に坐っている）

二人の生徒（男の子と、女の子）が、先に並んでいる。
イサオは、三番目。

N「僕の前に、男子と女子の生徒が、一人ずつ並んでいた」

○男の子のデッサンを見て——山内先生、血相を変える。

山内先生「（怒って）全然、ちゃんと見て描いてないじゃないかッ!!」

赤鉛筆で……バッ、バッと……バツ印を画用紙一杯に書く。
覗き込んでる、イサオ。

山内先生「次ッ！……」

女の子のデッサンを、見て——

山内先生「(形相を変えて)何だ、これは……駄目ッ!!」
又、大きく、バッテンを入れる。
N「それは、僕の目から見ても、非道いものだった」
山内先生「次ッ!!(目が血走り、頬が引きつっている)」
イサオのデッサンを見る、山内先生。
その表情を、スローモーションで捉える。
N「先生の目が、一瞬、〝ウン?〟と止まるのが分った。然し、怒りに任せて、良く見る事もなく……」
スローモーション、解除。
赤鉛筆で、バツを入れる。
山内先生「駄目だッ!」
N「僕のその時の気持は……〝僕のは、先の二人のとは違うよ〟だった。然し……先生は、怒りに任せて、バツを入れた。……まァ、若さと純粋さ故《ゆえ》なんだろうが……」
興奮の、余韻さめやらぬ、然し、どこか淋し気な、先生の表情。

× × ×

○元の位置に戻って来たイサオ——
画用紙を改めて見る。
N「悪い予感が当った。めったにない事だが、画用紙が一枚駄目になった。そうして、予備が無かった」
○消しゴムで、赤鉛筆の跡を消そうとするが……消えない。
周りを見回してみるが……仲の良い友達が居ない。
N「周りには、仲良しの友人が居なかった……画用紙をくれないかと、言えなかった」
○イサオ、消すのを諦め……定規を持ち出し、それを当てて、画用紙を切り取って行く。……
赤鉛筆のバッを逃れた部分――⅓から¼位の、縦に細長い、短冊のような部分を切り取る。
N「構図を、変えなければならなかった」
○イサオ、場所を移動する。
小さな画用紙を縦にし……。
校舎の中に立っている、大きなイチョウの木を正面に据え……。
鉛筆で描き始める。
○小さな画用紙を提示され……一瞬、ギョッとした表情の、山内先生。
〝よっしッ〟
○クレパスで、色を塗って行く、イサオ。
後ろで見ている、山内先生。
やがて……黄色を主調とした、美しい画が、仕上がる。
○先生、画を受け取り、
山内先生「よしッ！　帰って、よしッ」

N「小さい画面になったから仕上げるのも早かった……一番最初に帰る事が出来た」
○絵の道具を片付け、帰って行く、イサオ。

52　黒味

N「どうしてこの事を細かく覚えているかと言うと——それ以後、この時の事を、何度も反すうしたから……。

ウッカリ、画用紙の予備を買い損ねて、それが後になって、こたえた事……図画の授業が思わぬ方向に展開して行った事……赤鉛筆のバッテンが消えないので、余白だけの小品を考案した事……これは、画期的だった……そうして、それに合わせて、画の構図を変えた事……何もかもが、初めての経験だった。困った事だらけの中で、それを突破して行く時の、子供なりに必死のやり方の中に、一種の呼吸のようなものを感じた」

53　黒いスクリーンに、手描きで、「……ing」が書かれる

N「ing だよ。現在進行形なんだ。ing の時には、解決法も何も分らない中で、まさぐっていくような感覚があるでしょう」

54　監督（ライト・オンの状態）

煙草に火をつけ……フーッと、息を吹き出す。

55　イサオ宅の近所の風景（現在で良し）

N「この田舎には、昔も今も、銭湯というものが無かった」

N「そうして、我が家には、風呂が無かった。どうしたかと言うと、近所の風呂のある家へ、もらい湯だよね……七・八年間の間、ズッとこれで通した訳だ。まァ、お袋の、近所付き合いのたまものと言えるがね……」

N「で……今日の話なんだけど……あまり、やりたくないネ」

56　監督のシルエット（ちゅうちょしている）

プロデューサーらしき男（シルエット）が……

〝どうしてですか？〟

と、うながす。

監督「ウン……」

決心したように、顔を上げる。

57　暗い、（他人の家の）風呂

母、イサオ、妹が入っている。

イサオ、洗い場で体を洗っている。

湯舟につかっていた母が、出ようとして、浴槽を跨ぐ。

○白黒の〝絵〟で――
ギョッとした表情の、イサオ。
こちら向きの、母の体。
股間に、丸い、空白の円。
プロデューサーらしき男「（OFF）どうしたんですか？」
N「見たんだよ。至近距離で……」
驚愕の表情の、イサオ。
空白部分に――たわしの、絵。
N「たわしだったネ……正直な表現で言うと……ゴワゴワした毛で、狂暴な感じ、ニュアンスと言うものがなかった」
恐怖に震える、イサオの顔。
N「悪いものを見たという感じだったな」

58　監督と、プロデューサーらしき男のシルエット

プロデューサーらしき男「……」

59　風呂の外・夜の庭

着物を着た三人が出て来て――

（挨拶して）帰って行く。

N「あのまま、女性を嫌悪するとか、トラウマになっちゃうとか……そう言う風には、ならないで済んで、良かった」

60　現在の町

当時住んでいた辺りを、監督が、歩き回る。

N「今から思うと……この頃の俺は、相当、ややこしかったね」

N「自慰を覚えたセイもあると思うけど……つまり、家族へ対しても、秘密を持ち始めた訳で……そうすると……母親ですら、敵対する他人のような感覚を持ち始めるんだね」

N「オナニーなんて、何の事やら分らない訳で……こんな事してるのは、世界で、自分一人なんじゃないかって、思っちゃう訳だ……」

N「それと、死への恐さかなァー……それも、死といぅと漠然とするんだけど……自分だけが死ぬ、そのだけが強調されちゃうんだ……死ぬ時は一人だから当り前なんだけど……子供だから、初めて考えることだから……余計に強く感じるんだネ」

N「で……この頃、潔癖症になった」

61　家の中

芋のふかしたのが、皿に盛られて出される。

イサオ――芋を、ジーッと透かし見ている。

手を出すが……慌てて引っ込め……バタバタと、手を洗いに行く。

簡単に手を拭き、ズボンでこすり……

それが又、気になって、再び手を洗いに行く。

母が、けげんな表情。

戻って来て、やっと芋の皮をむき、そっと口にするイサオ。

N「周りが、バイ菌だらけと言うか……毒があって、自分の体に入って来るんじゃないかと恐れた。

……こういうのもサ、結局、限度と言うのが、分らない訳よ。危ないと思えば、何もかも危なくって、日常生活もまともに出来なくなってしまう」

62　夕食（まだ、明るい）

母「イサオ！　ミホコ！　御飯！」

二人「ハーイ！」

バタバタと立ち上がる、二人。

妹、先に手を洗って食卓へ。

イサオ、丁ねいにゴシゴシ手を洗い、何やら考えながら、食卓へ。

ジッと、テーブルを睨んでいる、イサオ。

母親が御飯を注いでいるスキに――オカズを、ソッと入れ換える。

N「それが高じて、食事に毒が盛られているんじゃないかと、思うようになった……食事は、母親が全部世話を焼いている訳だから、母親を疑うようになった」

〃いただきます〃と……妹が食べ始める。

ジッと様子を窺って、母親が食べるのを確認して、やっと箸をつける。

N「母親が、食べるのを確認してから、食べるようになった。明らかに、異常だった。ほんの短い期間だったけど……そんな時期もあった」

63 上之山家・涼し気な座敷

上之山の小母さんが裁縫をしている。

ポッネンと坐っている、イサオ。

N「そう言えば、こんな事もあったなァー」

上之山の小母さん「フ、フ、フ……（と、笑って）イサオちゃん、渡辺の小母さんと、一緒に入ったら良かったのに……」

うつむいている、イサオ。

上之山の小母さん「フ、フ、フ……」

その時――

廊下（着換えの場所でもある）で、賑やかな会話。

上之山の小父さん「こりゃ、こりゃ……失礼しました」

渡辺の小母さん「(笑いながら) びっくりしましたヮ……」
上之山の小父さん、部屋に入って来て、
上之山の小父さん「イヤイヤ……若い人の肌を見ると、どうも……」
渡辺の小母さんも、浴衣を着て、笑いながら入って来る。
上之山の小母さん「(まだ笑いながら、渡辺の小母さんに) イサオちゃんなー……小母さんと一緒に入ったら言うても、入ってんねぇんデ……」
イサオを見て、笑う、渡辺の小母さん。
渡辺の小母さん「イサオちゃん、入ってらっしゃいよ」
イサオ「ウン……」
廊下の方へ、行く。

64 イサオの家 (別の日の夜)

母が、やはり裁縫をし乍ら、突然、思い出し笑いを始める。
イサオ「……?」
母「いやナー……この間、渡辺の小母さんに、イサオがこんな事を言うんでーと言うたら……小母さんが、笑うてじゃってナー……」
イサオ「……!?」

65　**更に別の日――**

渡辺の小母さんと母が、話している。

母の声「イサオが、こんな事を言うんでー……風呂へ入ったのに、顔を洗っとらんので、〝なんでー？〟言うて、聞いたらナー……〝そんな、一旦、尻の皮膚に当たったお湯で、顔なんか洗えん〟言うんでー……」

プーッと吹き出す、渡辺の小母さん。

大らかに、笑い乍ら、

渡辺の小母さん「でも、その通りじゃない。さすがに、イサオちゃんやわ……」

フワフワと笑い続ける、小母さん。

66　**元のイサオの家――**

母が、思い出し笑いしている。

イサオ「……!!」

N「……相当、異常だった」

67　**夏の空――**

山や川の風景。

N「その頃、大阪で働いている父から、しばしば、送金が途絶えたり、大阪の親類から、良くない噂が入ったりして……夫婦別れしたらどうだと言う話が、兄や姉の口から聞こえたりする事すらあった。夏休みに、母が単身、大阪の父へ、会いに行った」

68 大阪から帰ったばかりの、母親（洋装）

土産の品やらが散乱しており、母は着換え中――
イサオ、嬉しそうに、土産の本を手にしている。本の題名は、『小公子』。
○隣りの部屋で――
冷いものを飲みながら、兄と姉に、色々報告している、母。
イサオ――そちらの方が気になって仕方が無いのだが……
『小公子』が嬉しくて、ページをめくる。
N「結局、母が大阪へ行った事によって、夫婦別れの話は……」
○別の日の午前中――
家の前に咲いた朝顔の群れに、水を撒いている、イサオ。
N「……心配していたワリには、意外と何事もなく、結着が付いた。僕は、『家族の崩壊』を、何よりも恐れた」

69 監督のシルエット

静かな、間――

70　五年〇組のプレート

N「山内先生は、四年生一杯で、関西の船会社に就転され、五年からの担任は、丸川先生だった」

71　教室内――

丸川先生が、にこやかに授業をやっている。

N「丸川先生は、何もかもが、素晴らしい先生だった。若くて、ハンサムで、教育熱心で、快活で、エース中のエースだった。もっと言えば、正義そのものだった。又、独身でもあったから、女性にもてて、当り前だった」

72　給食の時間

コッペパンに、みそ汁の、生徒達。

丸川先生――自分の机で、パンにバターを塗って食べている。

丸川先生「(ちょっと、生徒達を気にして――)自分だけ、バターなんて使って、悪いナ。……医師から、もっと栄養つけなきゃ駄目だって言われてるもんでね」

黙々と、給食を続ける、生徒達――

73　丸川先生の授業――(別の日)

軽快に授業を続ける、先生。

生徒達の反応も、すこぶる良い。

目を輝かせている、優等生達に対して……ボンヤリ、調子の出ない、イサオ。

N「ところが、丸川先生は、あまりにも完璧過ぎて、何か、俺には合わないところがあった。どうも、先生の方も、微妙に、そう言う事を感じとっていて……僕に対して、イラ立つ事が、まま、あった」
○元気の無い、イサオ。
鉛筆を、もて遊んでいる。

74　イサオの家

夕方——と言うより、既に、夜。

電気が点っている。

イサオが、机に向かっている。妹と、二人。

妹「お母ちゃん、遅いなァー……（畳に仰向けに寝る）お兄ちゃんの、参観日なんじゃろ、今日？」

イサオ「ウン。……お腹空いたんなら、何か、食べといたらええがな」

妹、〝ウン……〟と言いつつ、毛布を被って寝てしまう。

柱時計を眺める、イサオ。

イライラしている。

N「——ちょっと、度を越して遅いと思われた。……ここのところ、勉強にも身が入らず、試験の成績も非道く悪かったので、その事も気になっていた」
表の戸が、開く音。
母の声「ただいま」

75　奥で、着物を着換える、母親

それを見ている、イサオ。
妹も、身を起している。
母「(明るく――)家が一番近いんで、懇談会、一番最後に回されてしもうた。(チラとイサオを見て)イサオの成績があんまり悪いんで、それで、遅う迄なったんで……」
母、食事の準備に、台所の方へ行く。
頭を掻き、ホッとした表情の、イサオ。
それから――何かを、考える。
N「お袋は、遅くなったワリには、意外と明るかった。どちらかと言うと、ウキウキしているような感じがした」
N「俺は、チラッと、丸川先生の男前の顔が頭に浮かんだ」
○インサート――
監督の、黒々としたUP。
N「そんな事、有り得ようハズも無かったが、チラッと、そう言う不安が心をよぎった事も、確かだ」

〇イサオの、ＵＰ。
Ｎ「まァ、お袋もまだ、四十歳に、なるやならずの頃だったからねぇ」

76　監督、ライト・オン

Ｎ「こう言う話を、余りオーバーに受け取らないで欲しい。これから話す事にしても、何か、ピックアップしちゃったから、凄く、目立って聞えるけど……これが、言葉というものの、いけないところなんだけど実際には、日々流れて行く、生活の一部だからねぇ」

77　校舎の情景（秋の終り）

Ｎ「で……この話もあまりしたくなかったんだけど、又、他人に殆んど話した事も無かったんだけど……この話しとかないと、後につながらないところがあってね……」

78　放課後の教室（三時頃）

教壇に、イサオと、和泉、竹田が正座させられている。
イサオの、ＵＰ――
Ｎ「その日は掃除当番でね……放課後、僕等の班が残って、掃除させられてた」
〇時間を遡って――
男子三人、女子二人が、掃除をしている。

部屋の掃除が終り……イサオ、窓枠によじ登り、窓ガラスを磨き始める。

何か、女の子（斉藤とも子）と、和泉、竹田が、言い争うような様子。

イサオ、ちょっと気にするが……又、ガラス拭きを始める。

N「斉藤とも子ちゃんのお姉さんが、詳しい事は知らないけど、障害を持った人だったらしいんだ。それを、和泉と竹田が、からかったらしいんだ」
○とも子、泣きながら、部屋を抜け出す。
N「ともちゃんは、泣きながら、丸川先生にその事を訴えた。……激怒した丸川先生は、ともちゃんに、誰々がからかったのかと聞いた。……パニック状態のともちゃんは、男の子全員が言ったと言った」
N「当然だけど、先生は、ちょっと身の危険を感じる程に怒った。罰として、まず、一時間位坐らされた」
○ズーッと、正座している、三人。
×　×　×
○一時間程、後——
丸川先生が、三人の前で、激怒している。
N「順番に、反省の弁を述べさせられた」
○和泉、竹田が、泣きながら喋っている。
イサオの番が来た。

　何事か喋る。
N「僕は、言ってません……と、言った。先生は、益々、激怒した。とも子は、お前も言ったと言ってる。嘘をつく奴は、からかいを言った奴より、もっと悪い。よし、それなら、もっと坐ってろ！」
○激怒した先生は、荒々しく、教室を出て行く。
○日が陰り、暗くなっている教室。
竹田が、嘘泣きをしている。

ジッと耐えている、イサオ。

N「先生は、更に一時間位後に、考えを変えたかどうか確かめに来た。然し、言ってない事を、言ったと言う訳にはいかなかった。口を割る迄、そうしていろと……まるで、拷問だった」
○西尾君が、忘れ物でもしたのか、(用があって) 部屋に入って来る。
西尾「(イサオ等に、笑いながら) ソロソロ、本当の事を言った方が、ええぞ」
　西尾、出て行く。
　イサオ――
N「西尾君が、そう言って出て行った。……僕は、腹が立たなかった。彼は、罰を受けてる我々をからかったのではなかった。何か……惻隠の情とでも言うか、我々への同情のようなものが、そこには含まれていた」

79　監督のシルエット（短く）

N「まァ、小学生とは言え、五年、六年にもなると、これ位高度な感情のやり取りが、出来るようになるんだなァー」

80　教室

トップリと日は暮れ……暗闇の中に坐っている、三人。

N「後の二人は、もう、用が済んでいるのだった。問題は、僕だけだった。二人に、悪いような気がした」

イサオの、UP。

N「然し、もう、僕は腹を決めた。事は、非常に重要なものを含んでいた。事実を曲げてすむような事ではなかった」

○殆んど、真っ暗な教室。

先生が、離れた位置から問う。

N「〃最後のチャンスをやる。正直に言え〃」

イサオ「僕は、言ってません」

N「その時だった。……先生の顔が、崩れたように見えた」

○先生のUP。（スロー・モーション）

角度を変えて――数カット。

N「それは、それ以後も、学校という生活で、何回か見る事になる顔だったが……要するに、大人が、子供に、負けたという顔だった」

81 夜道

コウコウと、月が照っている。

硬い表情で、帰って行く、イサオ。

N「竹田君も帰る方向は同じだったが、僕は一人で、帰った。屈辱を受けた。……怒りと口惜しさで、体が震えた」
○月を見上げる、イサオ。（歩きながら）
N「父が家に居てくれたら……先生を殴ってやって貰うのに……そんな言葉が、一瞬よぎったが、何か、芝居じみている気もした……自分で、処理するしかないのだと思った」
○家へ帰って行く、ロング。
N「この事は、母に話した記憶もない。誰にも、言わなかった」

82 監督のシルエット（横位置）

N「――小学校四年生までは、クレパスを使ってたんだ。確か、箱に、〝ペンテル〟って書いてあったと思うんだけど、油っこい、クレパスだった。これは好きでね、気に入った花の絵を、二・三枚描いた記憶がある」

○監督のシルエット。
バスト。
ゆっくり、お茶を飲む。
N「——ところが、五年生以後は、水彩でね……これが全く、合わなかった」
○監督のシルエット。
あまり、器用とはいえない手つきで、ミルクのフタを開け、カップに注ぐ。
その手元——
N「水彩って——色々段取りが面倒じゃない。チューブから、絵具を出さなきゃいけないし、水で溶かさなきゃいけない……」
○コーヒーと混じわる、ミルク。
飲む、監督。
N「絵具の塗り方も、薄い色から、段々と重ねて行かなきゃならないし、計算しながら、材料を使って描くというのが、その頃は苦手だった……まァ、栄養失調気味だったという事もあるだろうけどネ……」

83　ガランとした夏休みの家の中（昼。天井より、パン・ダウン）

イサオが一人、画用紙に向かっている。
N「そう言えば……五年生の夏休みの宿題で、とんでもない事をやった」

○クレパスで、絵を描いている、イサオ。
子供雑誌の表紙を、模写している。
N「——子供雑誌の表紙を、模写した」
○モーターボートに乗っている、男の子と、女の子。
N「もう一枚は、〝少年クラブ〟の表紙を模写した」
○麦わら帽子を被り、模型の船を持って、笑っている、少年。、

84　学校の教室——（五年生、二学期）

二枚の絵を提出して、丸川先生に、馬鹿にされている、イサオ。
N「丸川先生に、完全に馬鹿にされた」
丸川先生「これ……三年生の、吉川先生のクラスへ持って行って、良かったら、壁に張って下さいって、言って来い」

85　三年生の、吉川先生（派手な、女の先生）のクラス

それでも……喜んで受け取ってくれ、壁に張ってくれる、吉川先生。

N「もう、キュウリやなすびのような物ばかり描くのが、嫌になった。……モーターボートにも乗りたいし、夏休みの楽しさを描いた雑誌の表紙も素晴らしいと思った。後年になって知る事だけど、横尾忠則なんかも、雑誌の模写なんかを一杯やってるじゃない。そう言うものは、まともな絵じゃ

ないと思われてたんだネ。まァ、ささやかな、反抗だよ」

86 物凄い大きな画用紙が拡げられる（畳一畳の、〇・七畳位の大きさ。場所は、学校）

その画用紙を拡げ、大きなベニヤ板に、画鋲で留めて行く。

N「物凄い大きな画用紙を与えられた。学年で選ばれた四人が、卒業の記念に、学校に描き残すというものだった。一丁、やってやろうと思った」

○大きな画用紙の前で――思案している、イサオ。

窓外を、見やる――

N「――中学が目前に迫って、このうっとうしさから抜け出せると思うと、気が晴ればれとしていた。大きい画面だから、一気には描けない。部分を積み重ねて、作戦を立ててやって行こうと思った」

○麦畑の前――

大きな画板をセットする、イサオ。

N「麦畑の緑が新鮮だった。そして、右手の、古い民家。ツギハギの壁と、風呂場の煙突」

鉛筆で――構図を取る。

デッサンが、出来上がって行く。

N「職人さんの仕事のように……慌てないで……少しずつやって行く事にした」

真剣に、風景を見詰める、イサオ。

×　×　×

○別の日——
絵具を塗り始める。
バケツの水、大きな鉛筆。
N「壁の部分部分で、色の違うのが面白かった。こんなに、白を使うのは初めてだ」
壁の部分部分が、色を持ち始める。
N「メインテーマの、麦が、ちゃんと主張してくれるか、心配だった」
○ラフに、緑色を、麦畑に置いてみる。
うまく行った。
満足そうなイサオ。

87　或る日の職員室

四人の、制作途中の絵を並べ、丸川先生以下、数人の先生達が、賑やかに論評している。
N「途中経過……最後に、丸川先生がポツリ、一言言った」
丸川先生「中島のは、出来過ぎだ」
〝そんな事ないわよねぇ—〟
何となく、吉川先生がとりなす。
笑っている、イサオ。
N「何を言うか……僕は、心の中で、せせら笑っていた」

88　監督のシルエット

N「今、思うと……恐ろしい位、冷たい気持だったネ」

89　その後の、絵の進行——

写生現場で、丸川先生と談笑している、イサオ。

○絵が、完成する——

N「ほぼ、完璧に仕上げる事が出来た」

90　山の桜、その他、春の山村の風景

N「丸川先生がどうこう言う事じゃなかったろうねぇー。本当に、素晴らしい先生だったし……但し、素晴らし過ぎたんだろうねぇ。理想に燃えてて、それが、クラスの中に、〝正義〟のような雰囲気をかもし出し、それに従順な理想的な優等生タイプが何人も産まれた。僕は、気分的に落ちこぼれた」

91　イサオの家の中

イサオ、けげんな表情。

N「こんな事があった。家の前の道を、ワイワイと賑やかに、丸川先生と、もう一人男の先生、若い女の先生二人が……山の方へ向かって歩いて行った。カメラを提げていた」

○道に向かった窓の隙間から、四人が通り過ぎて行った外を覗いている、イサオ。

N「女の先生の中には……最初の方で言った、ピアノの上手な羽田先生も一緒だった。もう、授業は殆んど終って、くつろいだ時期だったが、珍らしい事だった。華やいだ雰囲気が、記憶に残った」

92 学校の教室

大掃除の後で……ガランとしている。

N「更に、何日かして——教室の大掃除も終って、ガランとした教室で、丸川先生に呼ばれた」

○隅の、先生の机のところへ、呼ばれて行っている、イサオ。

丸川先生「(少し、きまり悪そうに) わし、ちょっと忙しいんで頼むんじゃが、○○写真屋へ行って、写真が出来とるんで、受け取って来てくれんか。……(少し、ニュアンスを変えて) 中島じゃから、信用して頼むんじゃが、中を、開けて見たりしないようにしてくれ」

イサオ「ハイ。……」

引き換え券を、受け取る。

93 写真屋への道

くもり空。薄暗い天気。

(怒ったような表情の) イサオが、歩いて行く。

N「〝何を、言ってるんだ……!〟」

94 写真屋

小父さんから、写真の入った袋を、受け取っている。
N「この間の写真だと言う事は、スグにピンと来た」

95 学校へ戻る道

歩いて行く、イサオ。
N「別に、見たいとは思わなかったが、絶対に見てやろうと思っていた」

96 校門の桜並木

満開の状態だが、木の根元辺りは、既に薄暗い。
イサオ、幹の蔭に入って、袋から写真を引っ張り出す。
めくって、見ながら——
N「別に、大した事はなかった。肩を抱いたような写真すらなかった」
失望した表情で、袋を閉じる。

97 学校へ入って行く、イサオ

N「小さな共同体に、閉じられた空気が嫌いだった。それは、今でも、続いている。それに、反抗期が、既に始まっていたかもしれない」

（F・O）

98　中学校の入学式・情景

N「どう言う訳か、中学の入学式では、私が新入生の挨拶を読む事になった」

○講堂で、巻き状の挨拶文（学校が用意したもの）を読んでいる、イサオ。

N「もっと、優等生は一杯いたのに……。これは、明らかに、丸川先生が決めた事だった」

N「――これは、他人から聞いた事だが、私が朗読している頃、廊下を、丸川先生が歩いておられたそうだ」

○窓の外――

廊下を歩いて行く、丸川先生。

イサオ「（挨拶文を読んで）梅薫る、この日……お兄さま、お姉さま方の……」

99　ローリング・タイトル

100　エピローグ

○黒味――

（ローリング・タイトルより、ピアノ曲が続いている）

N「随分早い時期に、頭の中に、こんな言葉が浮かんだ。〝ようやく、この世って、こんなもんかと得心し始めた時期に、バリバリと、その場から剥がされた――〟」
……

N「僕は、大阪で生まれて、四歳になるやならないで、岡山へ疎開して来た。今日話した場所は、母親の実家が、かつてあった場所で……その前に二ヶ所……短い間だけど、転々としている。……二度目の場所は、父親の実家で、僕の祖父の家なんだけど……時期も時期だったし、僕にとっては、最悪の経験だった。……この場所で、終戦を迎えている」

（音楽、終る）

101　山の中の、山の風景

N「そこでは、母親だけが頼りで、母親の後ばかり、くっついて歩いていた。……周りの人達や、道や場所も、何がどうなっているのか、全く分らなかった。母が近くの畑を耕やして来るよう言われて……僕は何も手伝いも出来ず、それでも母親を見失うまいと、畑の側の草むらから、ジッとそっちを見守っていた」

○畑で耕やしている母――

それを、手前の草むらにしゃがんで、ジッと見守っている、イサオの背。

側に、背の高い木が、一本ある。

突然――

鳥の、チッ、チッと……さえずる声。

ソッと、木の上を見上げる、イサオ。

……

高い梢の上で、数羽の小鳥が、さえずりながら飛び交っている。

その、UP。

N「木の上に、巣でもあるのか――数羽の鳥が、飛び交っていた」

見上げる、イサオのUP。

N「〝アア……あそこには、自分が気付かなかっただけで……鳥には、鳥の世界が、あったんだ〟……

それは、素晴らしい、発見だった。……人生、最大の、発見だった」

空を背景に、鳥達――

N「それは、時間も――何か、我々の時間とは違った、遠く、悠久の時間を流れているような、世界だった」

鳥のさえずり――

イサオの、後ろ姿。


（終）

エッセイ…………………………………………………………。

映画と教育

生きにくいものを生きやすくする手練手管

それぞれが三十分程度の四本の短篇からなる、このオムニバス映画は、基本的には「映画美学校」という映画を教える学校が、学生の実習用に製作したものである。但し、監督は、この学校で脚本や演出を教えているプロの映画作家が担当しており、その他のパートを学生達が、それぞれのパートの専門家達からアドバイスを受けながら担当したという事になる。

このような経緯で製作された映画であってみれば……私が面と向かって、これ等四作品を批評するというよりも、とにかく見て上げて欲しいというのが、私の本音だ。

今年六月に、アテネ・フランセで公開するというから、ぜひ、見て上げて欲しい。

以下、主に次の二点について、私の感想を述べる。

私はこの作品を、昨年暮れに行われた映画美学校での試写で、ブラウン管で見ているのだが……その時の印象は、総じて五十点位かな……

といった、辛い採点であった。それは、個々の作品内容の弱さもあるが、むしろ、〝世間〟への向かい方の弱さにあると言えるだろう。

映画に〝習作〟等というものは無い、それが作られ世間に向けて発表される以上、それは繰り返しの利かない一回性のものだ、という考え方はあるだろう。

学生さん達が作った実習用の作品に、それは過酷過ぎるという考えもあるだろうが……六〇年代初頭に、学生の身分で『椀』『鎖陰』等という映画を作った一員として、敢えて言っておきたい。無理に無理を重ねて、『鎖陰』を35ミリの作品としたのも、勿論、大きな画面の魅力を感じた事もあるが、(「学生映画」という域を越えて)世間との〝緊張関係〟を結びたかったからだ。

次に……作品の内容に目をやると……四本の作品から共通して浮かび上がって来るのは、「子供」というキーワードである。

万田作品の『夜の足跡』は、一見オーソドックスな青春劇のスタイルを取っているが、主人公の青年には、父親殺しの前歴がある。職場からも、恋人からも拒絶される彼の心は、〝赤子〟の、心である。

井川作品の『寝耳に水』は、マゾヒズムと「ファーブル昆虫記」をモチーフにした、一種の〝童話〟である。

西山作品の『桶屋』は、〝大風が吹けば桶屋が儲かる〟という古い諺を映画化したもので、老人の老獪さを装っているが、実際は〝幼児化〟している。

最も説明するのが難しい植岡作品の『月へ行く』(月が地球へ接近し、大地震が起こる中での、ホーム・ドラマ)にしても、私が小学校低学年の頃、布団に入ると死の事を考え——無限に時間が続くとして、消えちゃった私は、どうなっちゃうの、や……宇宙や無限への想いに捉われていた——宇宙に限りが無いという事は、一体どういう事なんだ……といった、恐怖や脅えを、そのまま映画の方へ放り出せば、結局、このような映画になるんじゃないか。その意味で、この映画は、〝布団を被った少年〟の映画という事になる。その上、私は、その頃、年中家庭崩壊の危機に脅えていた。

そうしてこの作品に限らず、四作品全てに於いて、〝宇宙や地球がなくなれば、映画もなくなるだろう〟といった……一種、宇宙的な映画への感覚・自覚のようなものを感じた。

私は、このような幼児性を色濃く滲ませた若い監督達の作品を、羨ましいとも思い、素晴らしいとも思った。

私は、先の『鎖陰』という共同製作の作品に於いて……あれ程苦労に苦労を重ねて完成させたにも係らず、それ以後、自分達の作品として、全く愛着を感じる事が出来なかったという、苦い経験を持っている。長い時間をかけて理解する事だが、あそこには、それまでの自分・餓鬼としての自分が全く入っていなかった。

自分の作品を持ち出して恐縮だが、二十代も終りの方になって、私は『ニュー・ジャック&ヴェティ』という映画で、やっと自分の過去とつながった。恥ずかしい・餓鬼としての自分を、登場させる事が出来た。

それは、自分なりに、物凄いエネルギーが必要だった。

皆、過去等ない・大人として映画を作っていたのだから。

その代り、物凄く恥ずかしかった。私は今は、(恥ずかしい)子供の頃の感受性を持っていない映画も人間も駄目だと思っている。

私が正確には何を言いたいか……(急がば回れというから)恐縮だが、次の文章を読んで欲しい。

私は四歳の時に、人生最大の危機を迎えた。生まれ育った大阪の土地を離れ、疎開ということで、母と二人、父方の祖父の家へ放り込まれた。我々とは従兄弟に当る家族も多数同居しており、余りにも苛酷な日々の連続だった。村人達は――

〝昌代さん（私の母）は、イサオちゃんを殺してしもうてや〟

と、噂し合った。

そんな日々……私が鮮明に記憶し、それ以後も何度も繰り返し追想した幾つかの情景が、ある。

例えば……

その日、母は或る場所の畑を一人耕す事を祖父から命じられ、一人、畑を耕していた。四歳の私は、何一つ手伝う事も出来ず、畑の側の草むらに、一人坐っていた。

母が急に居なくなるのではないか、という不安の念で絶えず母の方を見守っていたが……それでも少し、気持に余裕が出来たのか、私は、側の木を見上げた。

そうして、物凄い衝撃を受けた。

高い高い木の天辺（梢）には、（地上とは違う）別世界があり……そこには風が吹いて、数羽の小鳥がピィピィと忙しく鳴き叫んでいた。

〝アヽ、あそこには、自分が意識しなくても、自分が気づかなくても、別の世界があるんだ。〟

私はその後、この情景を思い出す度に〝中世〟とか〝古代〟という言葉を想い浮かべた。

又、こんな事もあった。同じ頃、座敷で一人昼寝していると、スッカリ日暮れて、辺りは暗くなり……その時谷川から風が吹いて来て、腐った枯れ葉の、決して嫌ではない匂いが鼻を突いた。

〝あの谷川には、まだ一度も人間が足を踏み込んではいない筈だ。その枯れ葉の匂いを、この風は運んで来ている〟

この情景を思い出す時も、私は〝太古〟という言葉を思い浮かべた。

結局私は、この土地で終戦を迎え、大きな台風が来た翌日、母と二人で、この酷薄・非情な村長《むらおさ》（圧制者）の家を脱走する。

そうして母の実家へ逃げ延び……そこは、アナキストだかマルキストだかの叔父が屋敷に火を放って自殺したばかりで、焼け焦げの目立つ蔵だけが残っていた。そうして私は、この蔵の中で五歳の誕生日を迎えた筈だ。

結局、それ以後の私の人生もささやかな創作行為も、先の、四歳の私がやったような、〝抑圧を快楽に変えるような秘密装置〟の、命がけの発見であったような気がする。こういうと翻訳調で妙に空々しいが、要するに、〝生き難いものを生き易くする為の手練手管〟とでも言えば良いだろうか。

いずれにしろ、今回この映画を作った学生達が、自らの〝秘密装置〟を発見される事を願うばかりだ。

映画を教え・教わるという事も、全て、その目的の為に、あるのだから。

『映画芸術』2001年春 395号

未映画化シナリオ……。

虚数

製作・監督・脚本……沖島 勲
製作……Y・Y・Kプロダクション

登場人物……。

山田圭一（62）
安川 保（37）
赤シャツ
坊ちゃん（松山）
狸
野だいこ
小鈴
ミキ（坊ちゃんの女房）
マドンナ（スチールのみ）
樋口一葉（京子）
西井
若い頃の山田圭一
かおり（安川の妻）
幸代
遠井（〝かりん〟のマスター）
桃太郎
爺さん
婆さん
小屋の女
山武士
キジ
猿
犬
娘の鬼
タキ
美津男
好子
男の子
山道ですれ違う男
失踪した女房（元中学校教員・山姥）
山男
楽団のリーダー
団員1
〃　2
〃　3
〃　4
通行人の男
〃　妻
女子大生1
〃　2
朝日食堂の女房
〃　亭主
客席の客A
〃　幼い女の子
司会者の男
客1
〃2
スタッフ1
〃　2
取り立て屋・数人
刑事
警官
常磐旅館の女将
山田の父
〃　母
山田の妄想の女（『鍵』の郁子）
〃　男（『鍵』の木村）
西行

1　タクシーの中（夜）

窓外に、都心繁華街のネオン（クリスマス）が、チラホラと流れる。
暫くして、運転手・安川保（37才）が口を開く。
安川「お客さんも、クリスマスの宴会かなんかの、お帰りですか？」
後ろのシートには、客の山田圭一（62才）が居る。
山田「イヤ、ちょっと仕事の帰りでね……雑誌の座談会があったもんだから……」
安川「ホゥー……（突然、怒鳴って）何が、クリスマスだ!!」
ビックリする、山田。
安川、少し平静を取り戻して、
安川「私ゃね、ツイこの間迄、役者をやってたんですよ」
山田「ホゥー……」
安川「小劇場の役者をネ…　声が掛かるのを、待って待って…それで、やっと役にありついたかと思ぅと、稽古稽古…そして、アッと云う間に公演は終わるんです…　安いギャラでねぇー…」
山田「……」
安川「とても、自分一人を養って行く事も出来ません……それで、ズーッと、女房に食わして貰っていたんです。二十代の初めの頃から、ズーッとね……」
山田「フーン」
安川「然し、私も、やっと決心しました、二年程前にネ…　商売変えをしよぅと……」

山田「それで、今の仕事に…」
安川「(目に涙を浮かべて) わびしくって、ねぇー… 自分が、何をしているか、分からなくなるんですよ」
山田「……!」
安川「真夜中に、客を探して、車を流したりしているとねぇー…しょっ中、ケイタイで、女房に電話をしてました。そしたら、〝大丈夫。その中、慣れるから、頑張って…〟って、優しく言ってくれてね…… (突然泣き出して) ワーッ!!」
急ブレーキをかける。
山田も、危うく前に、突っ込みそうになる。
山田「…!!」
安川、ハンドルにうつ伏せたまま、オイオイと泣いている。
安川「…お客さん、すいませんが、ここで降りてください。もぅ、これ以上は無理です」
山田「然し……」
周りを見回して、本当に困ったよぅな表情。
前方に、ドライブ・インを見付けて、
山田「アっ、それじゃ、あそこ迄、行ってくれんか。ホラ、ドライブ・インのよぅなものがあるじゃないか……」
安川「(何とか泣き止んで) ヘイ…どぅも、すみません」

ノロノロと、車を駐車場の中へ入れる。

山田「ちょっと、飲み物でも買ってくるから、待っていてくれんかね」

安川「分りました。……」

山田、車から降りると、自動販売機の方へ向かう。

そうして、カンコーヒーを二本抱えて帰って来る。

＊　＊　＊

山田、再び車の中へ入り――
山田「(一本を安川へ差し出し) こんなものでも、良かったかな……」
安川「アッ、すみません。(受け取って) 御馳走になります…」

＊　＊　＊

暫く後――

停まった車の中。

安川「お客さんなんかも分ると思いますが、十年以上も、男と女が一緒に暮らしていて、性的な興味なんか、だんだんに失って行きます。……その上、私は人生にスッカリ自信を失って、とても女房に対して、その気にはなれんのですよ」
山田「(鋭い目つきで) ウン……」
安川「然し、女房はまだ、三十代の半ばですよ。まだ、人生、これからですよ……(目を血走らせて)
私は恥じをしのんで、或る日、女房に、こう頼みました」

1A　安川の回想　――薄暗い室内――

安川が女房の前に土下座して頭を下げる。
安川「……お願いだ。誰かと、浮気してくれ……!」
女房のかおり、ちょっと驚くが、
スグに笑顔になり――
安川の手を取って、
かおり「何云ってるの……私はモッちゃんが好きなのよ……安心して、元気だして!」

2　元の停車したタクシーの中

安川「然し……女房は、浮気してました」
山田「……!」
安川「次に二人で話した時、女房は妊娠していると言いました」

2A　回想　――薄暗い室内――

呆然としている、安川。
申し訳なさそうに、モジモジしている、かおり。
山田「……‼」
山田も、ショックを受けている。

3　元の停まったタクシーの中

山田「で……相手は？」
安川「（フロント・グラスの外を眺め乍ら）女房は、ズッと病院の事務職をやっていました。八王子の先のあの、結構大きい公立の病院ですがネ……女房はネ、結構若く見えるタイプなんですよ。それで、入って来たばかりの、新米の医者と出来たらしいんです。……今頃は、ガポガポやってますよ、相手も若いんでね……」
山田、呆気にとられている。
山田「じゃ、もぅ、別居してるの？」
安川「――或る日、家に帰ったらテーブルの上に、書き置きと離婚届の用紙が置いてありました。そこには――」

3A　回想

安川、メモを取り上げる。

メモには——

〝モッちゃん。何時迄も、純粋な少年でいて下さい。さようなら。〟

4　元の車の中——

山田「……!!」

安川「(カンコーヒーを置いて) 車、出しますよ」

安川、ゆっくりと車を出す。

5　走る車の中

窓外を、ぼんやりと眺めている、山田。

安川、再び興奮して来て——

安川「長い間連れ添って来た女が、今、別の男と、希望に燃えて、新しい生活をしようとしているんですよ。そうして、私は取り残された」

安川の手が、ハンドルを握り締めて、震える。

安川「分りますか、お客さん!?　僕は、もぅ、どぅしたら良いか、分らないんだ。(顔を上げて) 何処か、精神病院にでも入るしかないんダ!!　気が狂いそうダ!!」

車が、ガタガタガタと、前後する。

山田、慌てて身を乗り出し、
山田「まァ、まァ、そう興奮しないで……ナッ！」
安川「大丈夫です」
少し冷静になる。

＊　＊　＊

山田、煙草を出して、火を点ける。
山田「運転手さん、あんた、名前は何て云うの？」
安川「……安川です」
山田「……安川さん、この先の入り口で、高速に乗っちゃわないか？」
安川「（驚いて）調布じゃないんですか、お家は？」
山田「家に帰っても、仕方が無いんだよ、別にする事もないし……」
安川、チラとバック・ミラーの山田を見る。
山田「この先……ズーッと行くと、二、三、ひなびた温泉街があるだろぅ？」
安川「……そりゃ、まぁ…」
山田「何処でも良いよ。君に任せるよ…正月迄、湯にでもつかって、ブラブラしよぅよ…君もサ、少し、のんびりした方が良いよ……色々、あったよぅだから……アッ、費用の事なら、心配しなくって良いよ、俺が全部面倒見るから…」
安川「本当ですか？」
山田「アヽ…これも、何かの縁だよ…」
安川「（暫く考えているが）それじゃ……」
ハンドルを切る（高速道へ入った）
グーンとスピードを上げる安川。
（カメラは全て、車内から――）

6　ひなびた温泉街（深夜）

ロング。俯瞰。
街灯が、ぼんやり。

7　布団の中の、山田の顔――

目を閉じている。川の水音が微かに聞こえる。

7A　山田の妄想――

男と女が、激しく交わっている。
喘ぐ、女の美しい顔。

8　翌朝のガランとした温泉街

（早起きの）安川が、道路脇を流れる小川の前にしゃがんで、何かを見ている。
何の変哲もない、背の低い松の木が、にょきっと生えている。
道端を掃除していたらしい女・幸代（34才）が、不思議そうに近付いて来る。
幸代「何か、居るんですか？」
安川「イヤ…（立ち上がって）静かな、良い温泉ですね」
幸代「そうですか？……お客さんは少ないし、景気悪いですよ」
安川「この松は、明治維新があった事も知らずに、ズッとここに居るんですネ」
幸代「えッ…!?」
安川「イヤ、誰からも相手にされず、誰も相手にせず……ズーッとここに、生えてたんですよね。…あなたも、殆ど気が付かなかったでしょう」
幸代「……ええ、まァー…」
安川「……だから、明治維新があった事も知らないんですよ、こいつは…」
幸代「…!?」
安川「僕は、こういうのが好きなんです」
幸代「……!」

9　煙草屋の前

安川「アノー、煙草下さい！」
　〝アッ、ハイ！〟
　先程の幸代が、回り込んで、店の中に入る。
安川「（苦笑して）煙草屋の方だったんですか……マイルドセブンの6番を二個と……マルボロを……」

10　同・ロング

　安川が、山田のと二人分の煙草を袋に入れて貰って、やって来る。

11　旅館の廊下

　丹前姿の山田に、煙草を渡す安川。
山田「悪いナ……」

12　朝風呂

　二人が、のんびりと風呂につかっている。
　安川、縁に坐って——
安川「さっき、ここの女将をチラッと見ましたけど、結構美人でしたよ」

山田「アァ、そぅ――……」

暫くして――

山田「朝飯食ったら、ちょっとその辺を、ブラブラしてみようか」

安川「そうですね……」

ザブンと、湯につかる。

13　土産物屋等の並ぶ通り

ブラブラと歩いて来る二人。

山田「(素頓狂な声を上げて)アーッ、スマートボール!!」

安川「どうかしたんですか?」

店の一軒――

入り口に、パチンコ、スマートボールと書いてあるのが見える。

山田「(泣かんばかりに感激して)スマートボール……こんなものが、まだこの世にあったのか?」

安川「(けげんそうに)何なんですか、スマートボールって?」

山田、中へ入って行く。

後に尾いて行く、安川。

14　同・中

スマートボール台の前に座っている山田。

隣の台に、安川。

ガラガラと球が配られ‥‥夢中で球を弾いている山田。

安川も見よう見真似でやっている。

山田「(球を弾きながら)高校の頃、受験勉強に倦きて来るとね、兄貴に誘われてよく行ったんだ。勝つ為じゃなくってネ‥‥パチンコよりテンポがのろくって、頭を休めるには、頂度良かった。」

安川「‥‥」

15　店の表(暫く後)

山田がしきりに、首をひねっている。
安川も出て来て、
山田「──どぅも違うなァー‥‥昔のような本格的な感じがしない。何かスカスカしている。」
安川「‥‥」
山田「(ちょっと大声で)ありゃ、イミテーションだ!」
二人、再び歩き出す。
山田「‥‥昔、旅先でワラジを買った事があるんだよ。軒先にぶら下がってたのが、あんまり懐かしかったんでねー‥‥見た目にはしっかり作ってあったんだが‥‥」
安川「‥‥」

山田「夏場に家の台所で履いてみたんだが、すぐにバラバラになってしまった。(手で仕種をして)
こうー、ワラの編み方が弱い。それから鼻緒のつけ根が、しっかりととまっていない。」
安川「ハァー……」
少し間を置いて、
安川「そう云えば、昔風の竹ぼうきとか買っても、みんなそうですもんねぇー。」
山田「(不満気に)うーん……」
歩いて行く、二人。

16 寿館前

看板等を眺めて、首を傾げている二人。
山田「映画館じゃなさそうだし……」
安川「ストリップ小屋でもなさそうだし…」
山田「入ってみるか……」
入場料を払って、二人、中へ入る。

17 同・中

暗闇の中を、恐る恐る入って来る二人。
ソッと席に坐る。

舞台には、「桃太郎」の題目が表示され、
　桃太郎さん、桃太郎さん……の音楽が流れている。
山田「――子供向けのお芝居か？」
安川「……（首をひねっている）」

18　同・舞台

爺さんが、腰を曲げて、上手から下手への坂道を登って行く。
ナレーション「……お爺さんは、山へ芝刈りに行きました」
するとーー下手隅に、木小屋の一部が現われる。
爺さん、背筋をピンと伸ばし、周りを見回す。
小屋から女の白い手が出て、爺さん、嬉しそうに、中へ入って行く。
女の嬌声が中から聞こえる。
女の声「（ＯＦＦ）…もぅ、いい年こいて、元気なんだから……」
下手が暗転し――
上手に川の流れが現れ、お婆さんが裾をはしょって洗濯をしている。
ナレーション「……お婆さんは川へ、洗濯に行きました」
と……中央の薮の辺りから、刀を杖にした、敗残の野武士が現れる。
ゼイゼイと荒い息をしているが、婆さんを見ると…ムラムラと欲情して来る。

ニヤリとすると……背後から婆さんに近付き、襲いかかる。

婆さん「アレーッ！　ヒヤーッ！……」

（書き割りの）草叢の蔭で、婆さん、犯される。

暫くして、二人、身を起こし、

婆さん「全ーったく、油断も隙も、ありゃーしねぇー……」

着物を直しているが……

婆さん「アレーッ!!」

何と——上流から、ものすごい大きな桃が、ドンブラコッコと…流れて来る。

婆さん「ヒヤーッ、こりゃ、でかい桃だ！」

婆さん、むんずと桃を、流れからせき止め、

婆さん「（野武士に）ちょっと、あんたも、手伝っておくれ」

二人で、やっとこさ、草むらに引き揚げる。

野武士「それじゃ、俺は、これで…」

と、去ろうとするのを、

婆さん「ちょっと、あんた…家迄持って帰るんだから、手伝っておくれよ！」

二人、あんまり重いので、桃に縄をかけ、やっとの事で引きずって行く。

19　第二場（爺さん、婆さんの家の中——）

　中央に、でんと例の桃が置かれている。
爺さん「何ともたまげた…化け物のよぅなでかい桃じゃー…」
婆さん「爺さん、これで、ホレホレ……」
　ノコギリやナタ等…工具を抱えて現れる。
爺さん「これで、やってみるか…」
　その中の一つを選んで…ゴリゴリやっているが…
　やがて、バカーンと、桃が二つに、割れる。
二人「ヒャーッ‼」
　驚いて、ぶっ飛ぶ。
　中には――人間の男の子（？）が坐っている。
　二人、こわごわと近付いて見る。
婆さん「――こりゃ、確かに、人間の子じゃ！」
爺さん「わし等に子供が居らんので、神様からの、贈り物かも知れんぞ‼」
　婆さん、更に近付いて見て――
婆さん「それにしても、ひねた顔をしとるのぅー」
　子供、ニヤッと笑う。
爺さん「今、ニヤッと笑ったぞ」
婆さん「何やら、気味が悪いのぅー。（気付いて）それに、ふんどしまで、しとるぞな」

爺さん「じゃがなー、折角、わし等に授かった子供じゃー。桃から生まれたから、〝桃太郎〟と名付けて、大切に育てよぅー」

婆さん「そうじゃ、〝桃太郎〟の誕生じゃ！」

〝万歳！…万歳！〟と、二人手を上げて喜ぶ。

〝桃太郎〟も、一緒に、万歳をしている。

＊　＊　＊

下手で——

婆さん「じゃがなー、爺さんや……わしには、もう、オッパイは出んし、何を食べさせたら良いかのぅー」

その時——桃太郎が何やら合図をする。

二人——振り返ると、桃太郎、チョコで一杯やる格好をしている。

二人「……!?」

桃太郎「わしにも、一杯くれや」

二人「ヒヤーッ！」

「口を利いたぞなッ！」

婆さん——爺さんから、猪口と徳利を受け取ると…恐る恐る、桃太郎の方へ持って行く。

桃太郎、ニヤニヤしながら受け取ると、自ら酒を注いで、グビッと、飲む。
桃太郎「……うめぇ！」
ズッコける、爺さん・婆さんの二人。
（暗転）

20　第三場（同じ部屋）

爺さん、婆さんが、（鬼退治に行く）桃太郎の衣装や刀等を用意している。
上手から、桃太郎が団子を食い乍ら、現れる。
（つんつるてんの浴衣を着ている）
爺さん「オオ、桃太郎、遂にその時が来たぞ！」
婆さん「……鬼退治じゃ、鬼退治じゃ！」
桃太郎「（坐って団子を食い乍ら）何のこっちゃー？」
爺さん「何のこっちゃないがな」
婆さん「鬼退治じゃがな…早う、これを着て、刀を下げて…」
桃太郎「…わしゃ、そんなもン、行きとぅない」
爺さん「（怒って）バカ!!……桃太郎が鬼退治に行かんと、どぅするんなら!?」
桃太郎「（ジロリと見て）そんなに行きたいんなら、爺さんと婆さんで行って来たらええがな」
ポカーンとしている、二人。

やがて…大急ぎで、二人、羽織を着たり、タスキをかけたり、最後、鉢巻きを締める。

爺さん「こんなもんで、ええかな」

桃太郎「オオ、よぅ似合うとる、似合うとる。早ぅ、行って来い」

二人――音楽に乗って、下手へ、退場。

21 第四場（街道）

爺さんと婆さんが荷車を引いて行く周りを、（ボール紙で作ったそれらしき、学芸会風の）犬、猿、キジがお供している。

犬「お爺さん、こんな車引っ張って、どうするんです？」

爺さん「どうするって……鬼ヶ島で、宝物を一杯ぶん取って……これに積んでもって帰るんじゃが…のぅ、婆さん？」

婆さん「そうじゃ、そうじゃ」

猿「（犬へ）宝物なんか、全然無かったりして…」

犬「ヒッヒ…骨折り損の、くたびれもうけ…」

キジ「ハッハッハ…」

笑って、荷車に飛び乗る。

爺さん、車を停めて――

爺さん「こりゃ、お前等！　邪魔ばっかりしおって……少しは、車引くの手伝わんか!!」

猿「それより、ここらで一休みして、きび団子でも食べませんか？」
キジ「そう、そう、きび団子！」
キジ、婆さんに近寄り、腰のきび団子に手を出す。
婆さん「（ピシャリと手で叩き）待たんか！　全く、度あつかましい…（爺さんに）それじゃ、この辺で、一服しますか…」
爺さん「（汗を拭いて）そうじゃのぅー……」
と、皆と一緒に坐り込む。
三匹は、争ってきび団子に手を出し、
〝ウーン、うめぇ！〟
〝こりゃ、うめぇーのぅ？〟
〝ウン！　うめぇー〟
パクパクと食べる。
犬「こりゃ、くにへ帰ったら、団子屋をやったらどうかのぅー？」
猿「そりゃ、ええ思いつきじゃー。岡山には、これと言った名物も無いしのぅー」
キジ「……岡山名物の、キビ団子！　こりゃ、儲かるぞ！」
猿「（チラと婆さんを見て）この辺りで、お茶が欲しいところじゃのぅー……」
婆さん「全ーく、あつかましい奴等じゃー。ホレ！」
と、ひょうたんに入った茶を渡す。

爺さん「それに、何の役にも立たん……オイ、キジ！　お前、先にひとっ飛びして鬼ヶ島がどうなっとるか、見て来ィ！」
キジ「ヘイ、合点！」
バタバタと手を振って、一旦、下手へ消えるが……
再び、戻って来て、
キジ「ありました、ありました！　鬼ヶ島は、もぅスグ、そこですよ！」
爺さん「何ッ、本当か！」
爺さん、婆さん、緊張して立ち上がる。

22　第五場

干上がったよぅな、岩場。
下手隅に、むしろをたらした、掘立小屋がある。
緊張した面持ちで……一同が、上手奥から出て来る。
爺さん「(気抜けした表情で)……これが、鬼ヶ島か……」
婆さん「鬼さんは、何処へ居るんぞな？」
あちこちを見回し――
爺さん「見当たらんなァー……」
その時……犬が近付き、小屋の方を指差して、犬「誰か、居ますぜ！　声が聞こえる……」
　小屋の中から、声（女のすすり泣く声）が聞こえる。
爺さん「ムムッ……怪しい、声……」
　刀に手をやって、小屋に近付く。
　婆さん、エイ・ヤッと……ムシロを引き上げる。
と……頭に一本角は生やしているが、楚々とした娘さんの鬼が、一人、泣いている。
　暫く、様子を見ているが、
爺さん「これ、娘さん…どうなさった？　何が、そんなに悲しい？」
婆さん「他の鬼さん達は、どうした？」
娘の鬼「ハイ…皆、人間達に退治されてしまいました。そうして私一人だけが残ってしまいました」
爺さん「(手をかざして四方を見回し）何という非道い事を……」
婆さん「可哀そうにのぅ……」
　三匹の動物達も、同情して、かなり派手に、涙を流す。
娘の鬼「私は、どぅしたら良いのか、分りません……（顔を上げて）皆さんも、鬼を退治に来られたんですか？」
爺さん「(慌てて）イヤイヤ、そう云う訳じゃ…」
娘の鬼「…そぅですか……それじゃ、何もありませんが、せめてお茶でも飲んでいって下せぇ」
　土瓶から茶を汲んで、皆に渡す。

爺さん、茶を飲んで――

爺さん「のぅ、娘さんや…あんたさんも、ここで一人で暮らすのは、何かと大変じゃろぅ……良かったら、わし等と一緒に来なさらんか」

婆さん「オオ、それがええ…」

爺さん「それに、急な話でなんじゃが……うちには、桃太郎と云ぅ一人息子がおってなァー…まぁ、あまり出来のええ息子でもないんじゃが……」

婆さん、爺さんの腕をつねる。

爺さん「イテッ……（元に戻って）あんたさえ良かったら、この息子の嫁になっては貰えんじゃろぅか？」

三匹の動物――〝それがいい、それがいい!!〟と、唱和して叫ぶ。

娘の鬼「（顔を伏せ、恥ずかしそうに）こんな、私でも、良かったら…」

爺さん「（喜んで）オオ、それじゃ、これで決まりじゃ。のぅ、みんな？」

〝良かった、良かった!!〟婆さん、動物達、みんな大喜び。

爺さん「それじゃ、車を持って来イ！　花嫁に乗って貰うぞ！」

〝オーッ！〟動物達、大急ぎで荷車を持って来ると、恥ずかしがる娘さんを乗せる。

＊　＊　＊

先の街道――
鬼の娘さんを乗せて、意気揚々と、上手へ向かって進む一同。
犬「これで、きび団子屋のおかみさんが出来た！」
猿「大繁盛、間違いなしじゃ！」
キジ「儲かるぞ、儲かるぞ！」
爺さん「何よりの宝物を手に入れたの、のぅ、婆さん？」
婆さん「そぅともよ、そぅともよ！」
爺さん「（叫んで）オーイ、桃太郎！　娘さんを連れて来たぞーッ‼」
ガラガラと進む、荷車。
（幕）

23　寒い夜の道

歩いて行く、山田と安川。（カメラ、背後から――）
山田「何なんですか、あれは？」
安川「（暫く考えているが）何なんですかねぇー…分りませんねぇー…単なるイヤがらせですか……」
山田「ちょっと、口直しに、一杯やって行きますか？」
安川「エエ……」
二人、ガランとした飲み屋に入る。

24　飲み屋・〝かりん〟の中――

二人が隅っこの席に坐る。

主人（遠井）が出て来る。

遠井「いらっしゃい。何にしましょうか？」

山田「そうねぇー……」

そのとき、少し離れた場所で、一人の老人（西行《にしゆき》）が大声で喋る。

西行「人間は必ず死ぬ…今迄に人類のどれだけの数が死んだか…これはコンピーターでも計算出来ねぇんじゃねぇか？」

遠井、苦笑して山田の注文を聞く。

山田「日本酒の熱燗等どう？　辛口で……」

安川「いゝですねぇー」

山田「それじゃ、とりあえずそれを……」

遠井「承知しました。」

厨房へ引っ込む。

西行「ところが、死んだらどぅなるか、今だに皆、ピッタリした答えが出ない。それで皆、困っている。今更、死んだら、お星さまになるのよ…でもないだろぅ？」

山田、安川、共に老人に目を向ける。

西行「死んだら、自然に還るんだよ。自然の勝利だよ。まァ、自然たって、大した事ァない。生まれて来たら、たまたま、この地球上にあった、それだけのもんだけどね。」

山田、安川、老人に注視する。

西行「まァ、俺位の年になるとね‥‥日々、この体の中の自然がね、声を上げる訳よ。ソロソロ、時間ですってさ‥‥。アヽ、自然が呼んでる、自分も自然だったんだ。忘れていた、仲良くやろう‥‥もぅ、自分の中の殆んどは、この自然の方が強くなってるんだよ。それで、いゝんだ。」

遠井、酒を持って来て‥

山田と安川、二、三のつまみを注文する。

西行「死んだら、ガイコツになるのか、うじ虫が湧いて腐って行くのか、風になって泳いで行くという人も居る‥‥」

二人、段々、耳を傾ける。

西行「それよりも、アッサリ、灰になって処理されるのか‥‥或いは、原子になると説明される方もいる。それも、結構でしょう。‥‥然し、私は、どのイメージも好きじゃないね。」

西行、酒をあおり、
西行「俺は、しっとりと濡れた枯葉と一緒に土の一部になりたいねぇ。それが、懐かしい、俺の自然だ。これは、俺の意見じゃないよ。もう、俺の中の自然が言ってるんだから。」

山田、安川に話そうとして、
山田「実は‥‥」

その時、西行、再び声を上げ、

西行「〝枯れ葉落ち、地の匂い満つ、日暮れかな〟…これ、俺が作ったんだ。」

山田、チラと西行を見るが、再び視線を戻して、

山田「・・・・実は……」

その時、西行、再び大声を出し、

西行「女子フィギュアはいゝですよ！」

二人がギョッとしたところへ、遠井が料理を持って来る。

遠井、笑い乍ら、西行を見やる。

西行「ジャンプなんかしないでいゝ。俺は、昔から言ってるんダ。三回転だの、三回転半だのと・・・・」

安川「（応じて）ホホゥー・・・・」

西行「あの、スパイラルって云うの？　あの、股をパカーッと広げて見せる…（手振りで）パカーッ・・・・」

山田・安川「・・・・」

西行「あんな若い娘さんが、股の間を、あんなに見せて回って良いの？　パカーッ・・・・」

遠井「まァまァ、それ位にして・・・・」

と、奥へ引っ込む。

西行「ただね・・・・ジャンプした後、ドンと着氷するでしょう。あれをね、スローモーションで撮ると、これは凄いよ。」

山田、諦めて煙草に火を点ける。
西行「凄い重力で着氷するでしょう。するとね……（酔いが回って来る）ドン！と、太股に重みがかかるんだよ。するとね――云わゆる、尻と……太股の間の、この、概念で割り切れない部分に、云わば尻もとでも言った部分が出来るんだよ。これはスローモーションでないと、確認できない。」
山田と安川、呆れて老人を見つめている。
西行「たゞね……本当の事を云うと……フィギュアの真髄は、ステップにあるんです。これは、相当、目が肥えてなきゃ、分らない。」
テーブルにうつ伏せて、寝てしまう。
遠井「アラアラ……急に寝ちゃった……ソロソロ帰らないとまずいですよ。」
西行「分かった、分かった。帰るよ。」
財布を取り出し、遠井の言った料金を支払う。
そして、逆方向の、厨房の方へ向かう。
遠井「ホレホレ、そっちじゃないでしょう。出口は、こっち……」
と、表へ送り出す。
中へ戻って来て、
遠井「すいませんねぇー。何だか邪魔しちゃって……」
山田「イヤ、いゝんだよ。……それより、酒を頼むよ。」
遠井「ヘイ……」

山田「仲々の理論家じゃないか。何か、偉い人？」
遠井「ナニ、裏のアパートで一人暮らしをしている爺さんですよ。年金が降りると、飲みに来るんですよ。」
山田「そうか…年金か……」
安川「羨やましい……」
遠井、二人のところに酒を運んで来て、
遠井「名前だけはネ、にしゆきって言うんですが、西行と書くもんで、西行さんて呼んでます。まァ、大層な名前でね……それが又、サァ、行こぅとなまっちゃって、レッツ・ゴーなんて呼ばれてもいるんですけどね……まァ、下らないシャレですけど……ハッハッハ……」
笑いながら、奥へ入って行く。
見送る、山田と安川。
山田、暗い表情で話し始める。
山田「僕も、君と同じような境遇でね…若い頃だけど……女房に逃げられた……」
安川「(驚いて) それからは、ズッと一人で……？」
山田「うん……八十年代と云うのは変な時代でねぇー……七十年代が、学生運動やら何やらで騒然としていたのに対し、アッと云ぅ間に、世の中、様変わりして、その中バブルというのが始まった……同じ人間が別人のよぅに振る舞った……イヤ、元々、同じことなのか知れんが……」
安川に、酒を注ぐ。

山田「……浅ましく、卑劣で……俺は痩せ我慢かも知れんが、もっと堂々としていたかった」
安川「……」
山田「皆、口にこそ出さなかったが、〃男の甲斐性〃……そんな言葉が、自分を裏切るときには、心をよぎっていた筈だ。何か、みんな、焦りまくっていたなァ」
安川「……！」
山田「俺は酒浸りになる事で、やっと心の均衡を保っていた……女房は、そんな俺の事を心配し、ハラハラしながら見守っていた……或る日の朝の事だった」

24A　山田の回想

（寝ている）山田の部屋と、ダイニングの間には、不透明な障子（襖）が入っている。

ボンヤリ立ち上がったパジャマ姿の山田が障子に近付こうとする。

オフで、妻（京子）の、泣き声混じりに、（西井に）訴えている声が聞こえる。

山田のN「——友人の西井が訪ねて来ているのだった。そして、妻の京子は、泣き乍ら、私の生活態度を、非難しているのだった」

突然……オフの二人の声が止む。

山田「……！（ハッとする）」

山田のN「突然、二人の声が止んだ」

（障子の向うに）不自然な沈黙が続く。

ジッと佇む、山田。

山田のN「――私は、障子を開ける事も、声を掛ける事も、出来なかった」

24B　山田の妄想（フレームの縁が、白いぼかし）

京子と西井が、キスをしている。

そのキスが段々、激しくなり――障子の前に佇む、山田。

山田のN「――イヤ、それは、単なる私の妄想だ。然し……この妄想は意外と長く尾を引いた」

25　元の〝かりん〟・内部

山田「然し……女房の、そんな事をツユ程も感じさせない、明るく快活な様子や、生活の為に、一生懸命働いてくれてる様子を見ていると、私の疑念は吹き飛んだ。私は、そんな疑いを持った自分を恥じた」

25A　山田の回想――

一人、机に坐って、〝すまん！　すまん！…〟大粒の涙を、ボロボロとこぼす。

26　元の〝かりん〟

山田、酒を一口飲んで、

山田「(安川に) あんた、スパイと云うのに出会った事ある?」
安川「(けげんな表情で) イヤ……」
山田「学生運動なんてやっていると、必ず一人位は出喰わすものなんだ……まさかこいつが、と……一番思ってもみなかった人間に多いんだけどね……」
安川「……」
山田「それに気が付く瞬間と云うのは、(遠い目つきで) あれは、不思議だなァー。これと云った理由は無いんだ。ハタと、気が付くんだ……そぅしたら、もぅ、思い当たる事だらけでねぇ……女房の浮気も、同じだよ」
安川「……!」
山田、酒の追加を注文する。
山田、安川に酒を注いでやる。
二人は気付かないが、店の片隅に、一人ひっそりと酒を飲んでいる男がいる。(赤シャツ!)
山田「夏になって、女房は会社の仲間と海に行く事になった。二泊三日の予定だった。一人になってから、フト、例の疑念が頭をよぎった。俺は思い切って、西井の会社に電話してみた」

26A　**山田の回想 (ソフト・ホーカス)**

ダイヤル電話を回す山田。
二言三言、相手と話すと、愕然とする。

手が震える。
山田のN「ヤッパリ、三日間の休暇を取っていた」

27　元の〝かりん〟

山田「……それから以後の女房の態度は、明らかに変わった。これからの生活の事とか、考えてたんだろぅ、気もそぞろなところがあった……ヤッパリ、女は、体の関係を持つと、決定的だからね」
安川「……!!」
山田「(チョット笑い乍ら) 決定的な、駄目押しのような事があった」

28　山田の回想

夜の電車の中——
山田が、少し離れた場所に、西井の姿を見かける。
ちょっと、身を避けるよぅにする。
山田のN「——或る日、電車の中で、西井の姿を見かけた。西井は何時も自分が使う駅で降りた。俺は後を尾けた」
駅前——西井が改札を出て、自分の家の方へ帰って行く。
山田、一人取り残され、然し、辛抱強く待っている。
山田「……!!」

京子が出て来て、急ぎ足で、西井の去った方へ、歩いて行く。
山田「……!!」
山田のN「……決定的だった。女房が降りるような駅ではなかった」

29　山田の妄想

西井のアパート。（雑然としている）
西井、京子の白いセーターを脱がすと、あとは全裸だ。
西井、京子の下部を愛撫し乍ら、
西井「山田が、どぅしても別れないと言ったらどうする？」
京子「（西井を抱き締めて）その時は、私が殺すわよ！」

30　元の〝かりん〟

暫くの沈黙――
安川「それで、別れたんですか？」
山田「アア……」
安川「それから、一度も会ってないいんですか？」
山田「会ってなイ、一度も……（遠い目付きで）まァ、普通の生活者をやってるんじゃないですか？（笑って）君と同じだよ、最後の手紙にこう書いてあったよ……（手紙を持つ振りをして）〝あなたは、天使……私は、普通の女…ゴメンナサイ〃…（初めて興奮して）西井は、俗物だった……だから、俺は、あいつにやられたというより、人間の生き方にやられたよぅな気がして仕方がないんダ！」

安川「……!!」

その時——盗み聞きしていた例の男（赤シャツ）が、逃げるように店を去って行く。

31　外のベンチ（夜）

山田と安川、坐っている。

安川、暫く考え込んでいるが、

安川「……山田さん…さっきから話をうかがっていて……我々の女房を奪った人物は、ひょっとして、同一人物じゃないんですかねぇ？」

山田「（驚いて）エッ、どう云ぅ事？」

安川「イヤ、勿論、具体的に同じ人物と云ぅ事じゃなくってですね……その、イメージとして、何か、同じ化物のよぅな者が居るんじゃないか……」

山田「同じ化物ねぇ……ウーン、何か言えてるよぅな気がするなァー」

山田、立ち上がる。

32　山田の妄想——

山田の脳裏に――美しい女と、男が激しく交わる姿が浮かぶ。女が激しく求めている。

33 夜の道

二人が、旅館へ向かって歩いて来る。
山田「然し、昨日から不思議に思っているんだが……どぅも、君とは初めて会ったよぅな気がしないんダ……何処かで、ズーッと昔……」
安川「……四国の、松山とか……」
ギクッとする、山田。
その時――〝赤シャツ劇団〟のノボリが目に入る。
山田「……赤シャツ!!」
二人、顔を見合わせる。

34 常磐旅館(朝)

同じ部屋で遅い朝食をすませる山田と安川。
山田「昨日は、ちょっと飲み過ぎたな」
安川「……そうですね……」
山田、新聞を拡げて目を通す。
安川、仰向けに寝っ転がる。

その時――女中さん（幸代）が現れる。
幸代「……お済みになりましたか？」
安川「（身を起こし）アア、ごちそうさん。アレーッ、あんた、煙草屋のお姐さんじゃないの」
幸代「……（笑って）もぅ、お姐さんでもありませんけどね…時々、手伝いに来てるんですよ」
安川「へぇー、そぅー……」
幸代「お下げしてよろしいですか？」
山田「どうぞ、どうぞ……」
幸代、食事の後片付けを始める。
その時――遠くから、微かに女の呻くような声が聞こえる。
知らんふりで――片付けを続ける、幸代。
山田「ちょっと、山の方へ行ってみたいんだけど、何処か良いとこある？」
幸代「バスで少し奥の方へ行くと、○○村へ出ます。そこ迄は、確か、ハイキング・コースになっている筈ですけど……」
呻き声が、更に大きくなる。
山田「良い村？」
幸代、ガラガラと食器を重ね乍ら、
幸代「ただの、田舎ですよ」
安川「（呻き声を示して）何、あれ？」

幸代、改めて坐り直し、

幸代「……うらやましい」

安川「……羨ましい？」

幸代「女将さんですよ。良い人が来てるんですよ……（エプロンの裾を握りしめて）うらやましィ！」

山田「（身を起こし）ヤッパリ、その声か……」

幸代「それで、声が抑えられないんですよ」

三人、気まずく耳をそば立てているが、やがて声が少し低くなる。

幸代「…旦那さんは、四・五年前に、脳卒中で倒れてしまいました。それ以後は、寝た切りで、口も利けなくなり、自分で御飯も食べられません。でも、この事は必ず気付いて、後で血圧が凄く上がるんです」

一際高い、女の、歓喜の声――

山田「相当、厳しいなァー……」

幸代「…（抗議するように）いいじゃ、ありませんか…女将さんだって女盛りなんだし、誰か、男衆が慰めてあげないと……」

山田「で……相手の男は？」

幸代「……保健所の人です…炊事場の衛生管理がどぅのこうのと、あれこれケチを付けて、それで仕方なく……と云う事になっています、一応……」

山田「一応？」

幸代「それ以上の事は知りません……知ってても、言えません」
頑固に口をつぐむ。
顔を見合わせる、山田と安川。
その中――襖を閉める音、廊下を早足に歩きさる足音がする。
安川、ソッと障子を開けて、外を覗き見る。
〝ガラガラ、ピシャン！〟と戸を閉める音。
安川「（振り返って）赤いシャツを着てた‼」
安川と山田、顔を見合わせる。

35 旅館の前（暫く後）

車（例のタクシー）に乗っている安川、近付いて来た山田（ナップザックを持っている）に、
安川「（思いつめた表情で）女房に、直接、離婚届を渡してきます。病院は、スグ近くですから……」
山田「気を付けてね…（笑い乍ら）乱暴なこととか、しないように……」
安川「（真剣に）大丈夫です」
山田、手を上げて歩き出す。
車を出す、安川。

36 人里離れたバス停

降り立った山田、林道へ入って行く。

37 **山中の道**

山田が、歩いて行く。

37A **山田の、例の妄想——**

エクスタシーに達する、美しい女。

山田のN「——俺の頭に、年から年中よぎっているあのイメージは……あれも、亭主が脳卒中で、倒れているんだったな……」

38 **山中にひっそりと開ける、小さな村落**

山田〝ホーッ〟と云った嘆息混じりに村落を見る。

39 **村落を一望する場所**

山田、立って眺め乍ら、

山田のN「——何か、懐かしい感じがするなァー……俺の、故郷のよゥな……」

山田、物思いに浸る。

（ゆっくりとしたO・L）

40　深い渓谷沿いの道（回想・夏）

大学生の山田が、駅から（実家へ）の道を帰って来る。

カーンと云う音が響いてきそぅな、静かで深い渓谷。

大きな岩だらけの川で、美津男が魚を獲っている。

美津男、山田に気付いて、

美津男「——オーイ！　圭一さーん！……」

山田「（身を乗り出して）みっちゃーん！」

二人、手を振り合う。

＊　＊　＊

道、山田の処——

美津男が坂を登って来る。

山田「魚、獲れた？」

美津男「こ……これだけ……」

山田「フーン、…結構とれたね」

嬉しそうにする、美津男。

山田のＮ「——美津男は、生まれつき、少し頭が弱かった。それで、もぅ、嫁さんまで貰ったと云ぅのに、今だにこぅして、子供の頃の遊びをしているのだった」
何やら、談笑し乍ら帰って行く二人。
山田のN「――二人の家は、隣り同士だった」

＊　＊　＊

数日後――
家の外に居た山田を、美津男の母・タキが手招きする。
タキ「ちょっと、ちょっと、圭一さん！」
山田「…？」
山田の袖をつかんで、自分の家の物陰へ引きずり込み、
タキ「(両手を合わせて) こんな事、圭ちゃん以外の誰にも、頼まれへん！　言えん！　圭ちゃんやから、こうして頼むんや！　な、お願いや！」
山田「何なんだよ、叔母さん？」
タキ、更に山田を裏の方へ連れて行き、
タキ「(必死の形相で、耳打ちするよぅに) 美津男は、あの通りの子や……嫁の好子に、アレが出来んのや、興味も起こさへんのや」
山田「……アレって？」

タキ「(更に、耳に口を寄せて）男と、女の、アレやがな」
山田「……えッ!?」
タキ「(うなだれて）わしも、この間初めて嫁に聞いて、驚いたんや…それで、可哀そうで、可哀そうで……」
山田「……！」
タキ「本当に良い嫁なんや……そんな事にも、愚痴一つこぼさず、一生懸命働いてくれる…でもなァ、このまま一回もこの事を経験せずにと云ぅのは、あまりにも可哀相やろ。圭ちゃんは、美津男とは兄弟のよぅにして仲良ぅしてくれた仲や…せやから、圭ちゃんに頼むんや。ナ…一回だけ、嫁を抱いてやっておくれ！」
山田「……！」
タキ、周りを気にして――
タキ「奥の、納戸で待っとるでな……裏の戸は、スグ開くよぅにしとくで！」
タキ、急いで自分の家へ帰って行く。

41　同夜

暗い小道を辿って、山田が隣家の方へ行く。
裏木戸を開け、母屋へ。
納戸の戸を開ける。

布団の上の、浴衣姿の好子が、ゆっくり振り返る。
激しく抱き合う、二人。

＊　＊　＊

ノンモンで数カット――
激しく交接する二人。
山田のN「――夏休みの間、その後も、何度か抱き合った」

42 田舎の情景

43 山中の道

ボストン・バッグを持った山田が、急ぎ足でやって来る。
山田「……!!」
ギクッとして足を停める。
何となく、ニヤニヤし乍ら、美津男が立っている。
美津男「ケ……ケイちゃん……マ、又……トウキョウ…?」
山田「うん…又、学校が始まるでな……」

美津男「ウン……ウン……」

山田「それじゃ、汽車が出るで、行くわ」

　山田、美津男の側をすり抜けるようにして行く。

美津男「（ＯＦＦ）ケイちゃん！」

　山田、振り返る。

　無邪気な表情の美津男が、手を振っている。

　山田、頷いて手を振り、去る。

山田のＮ「――それから暫くして、子供が生まれたという話を聞いた。一家の、幸せそうな写真も見た事がある」

　白黒の写真――

　畑で談笑し乍ら、昼食を食べている。タキ、美津男、好子、そして小さい男の子……。

（回想終り）

44　元の村落

　山田がぼんやり坐って、村を眺め乍ら、煙草を吹かしている。

山田のＮ「――俺は、田舎に住む事は出来ない……」

　首を振り振り、立ち上がる。

＊　＊　＊

山田、帰ろぅとして、山道へ入って行く。

その、入口の辺りで――

一人の、ジャンパー姿の男とすれ違う。

何となく不思議な気がして振り返る。

男は……何かを探すふうにして、去って行く。

怪訝な表情のまま、山を下って行く。

45 寿館・舞台

殆んど、乞食のような服装をした五・六人の楽団が――何やら演奏している。

腹が減っているのか…全員気合いが入らない。

数曲演奏して（コーラスも？）終了する。

パラパラと、まばらな拍手。

リーダー「（倒れそうになり乍ら）それでは、これから、カゴを持って場内を回りますので、何がしかのほどこしを、よろしくお願いします」

言い終ると――ガタガタと、膝をつく。

＊　＊　＊

団員二人が、カゴを提げて、暗い場内を回る。

客Aが、硬貨を入れる。

団員1「（それをつまんで——）五円……たったの、五円！」

客Aが、追加の金を入れる。

団員1「……一円……アルミの、一円！……合わせて、六円⁉」

怒りそうになるのを、隣の団員2が押しとどめる。

と……隣の幼い女の子が、手製の紙幣をカゴに入れて、

女の子「頑張って、下さい‼」

団員1、大きな紙幣をかざして見る。

クレヨンで、〝一億円〟と書いてある。

団員1「……一億円‼…クーッ…（と泣いて）ありがとう、ございます」

団員2、何を思ったか女の子に両手を差し延べ——

団員2「（ヤケクソで）♪君を、知るやー……南の国……」

歌い出す。

46　楽屋

赤シャツが、でんと座り、楽団員全員がうなだれて取り囲んでいる。
赤シャツ「(カゴを手にして)何ダーッ、たったのこれだけか……これを、8:2の比率で割ると、お前等の取り分は、これだけだ。ホレ……」
二、三百円を、パラパラと畳に落とす。
リーダー「(目を剥いて)えーッ!? これじゃ、あまりにも……私等、これでも、外国じゃ有名な、前衛楽団ですぜ!」
赤シャツ「……前衛だろうが何だろうが、稼げなきゃ、しょうがねぇだろうが!」
団員1「これじゃ、俺達は乞食でもやらなきゃ、飯も食えねぇ!」
赤シャツ「オオ、良いじゃねぇか、乞食をやれッ!!」
ギクッとする、団員達。
赤シャツ「俺達はなァ、元々、河原乞食って言われてたんだ! ナニ、構うもんかッ!」

47 神社の石段の下

両脇に、本格的に乞食の格好をした、団員1・2、そして、3・4が、むしろの上に坐っている。
ボール紙に、〝あわれな乞食でございます〟〝お恵みを……〟等と書いている。
団員1・2「――右や左の旦那さまー…あわれな、乞食でございます…」
団員3・4「……どぅぞ、お恵みをーッ……」

通りすがりの夫婦者が――
妻「まァ、今時、珍しいねぇー…」
夫「これも、格差社会の結果だよねぇー」
財布から、硬貨数個を、チャリーンと投げる。
団員1・2「――おありがとぅ、ございます……」
妻「ねぇ、ちょっと記念写真、撮って行かない？」
夫「…そうだなァー……」
周りを見回し、女子大生風の2人に、シャッターを押すのを頼む。
乞食の前に立つ、2人。
女子大生1「ハイ、チーズ」
〝カシャ！〟と、シャッターを押す。
女子大生2「ねぇ、今度は私達もお願いしようか」
女子大生1「えーッ、マジで？」
夫、カメラを交換し乍ら、
夫「アア、いいですよ」
女子大生2「――こっち？……こっち？」
結局、団員3・4の方を選んで、硬貨を入れて、前に並ぶ。

＊　＊　＊

団員1・2の処——一万円札が、投げ込まれる。
山田である。
団員1「(信じられない。両手でつかんで)こ……これは!?」
山田「本物だよ。とっときな」
団員1「(吠えて)オーッ…オーッ…オーッ!!」

48　朝日食堂

団員4人が、駆け込んで来る。
団員1「か……女将さん……天丼!」
団員2「かつ丼!」
団員3「……の、上!」
団員4「……同じく!!」
ジロリと女将さん、睨む。

＊　＊　＊

厨房の中――

女将さん「一応、警察に連絡した方がいいかねぇ?」

亭主「うーむ……」

49 飲み屋〝かりん〟

安川が一人、しょんぼりと日本酒を飲んでいる。

山田が入って来て――遠井と顔を合わせる。

遠井「いらっしゃい。」

山田「(周りを見回して)昨日のお年寄りは、今日は来ないの?」

遠井「(チョコを出して、少し小声で)それが、あれから、大変な事があったんですよ。」

山田「・・・・?」

遠井「イエね・・・・あれから、裏の急な階段で転んで、大怪我をしちゃったんですよ。」

山田「えーッ!?」

安川も、驚いた表情。

遠井「石の階段でネ・・・・足にひびが入って、右足の膝は、複雑骨折だって言うんですよ。」

山田・安川「(顔を見合わせ)フーン・・・・」

遠井「まァ、命に別状は無いらしいんですがね・・・・年も年だし・・・・一人暮らしですしね・・・・」

山田「まさか、フィギュアの格好なんかしてたんじゃないだろうね・・・・」

山田、遠井、笑って、
遠井「イヤ、分りませんよ。あの人の事だから、ハッハッハ……」
山田「それじゃ、酒を……」
遠井「分りました。」
奥へ入って行く。

＊　＊　＊

山田、改まって安川と向き合い、
山田「どうだった？　話はうまくついたの？」
安川「(涙を滲ませ）何もかも、終わりました……女房は、イエ、元女房は、これからまともな人生を生きて行くでしょう」
山田「……！」
安川「私は、一人、置き去りにされました。私の居場所は、何処にもありません。……私は今、何処に居るんでしょう？」
山田、酒を注ぎ乍ら、
山田「まァー、昔なら、こう云う時、田舎へ帰るといゥ言い方もあったんだが……」
安川「私には、そんなものはありません……私の兄貴は、代々の魚屋を継いでたんですが、何年か前に見切りをつけて、小さなスーパーかなんかを始めたんです。……でも、そんな中途半端な店が、成り立つ筈もありません。私は、最初から反対したんですが……」
山田「ウーン……」
安川「（怒りの表情で）甘ったれてるんですよ！　借金をしまくって、そうして一家でトンズラ……」

＊　＊　＊

ポツンと建っている、元スーパーらしき、シャッターの閉まった建物。（スチール、挿入）

＊　＊　＊

安川「――その中、胃ガンで死んだと云ぅたよりが、何処からか入って来ました。（フッと笑って）筋書き通りです…」
山田「――俺の周りでも、バブルが弾けた後、そぅ云う話が一杯あったなァー……今でもまだ、引きずっている奴がいるけれど……」
安川「自分が変わった方が良いのか、変らない方が良いのか、そこんところが分らんのです…私は、もぅ、そんな時代について行けない。（少し激して）私は〝定着〟したいんです！」

山田「……定着？」
安川「ハイ。……退屈でも、毎日が同じ生活でも構わんのです。落ち着いた生活がしたいんです！」
山田「……（フーッと、溜息をつく。）」

50　朝日食堂

四人の団員が、丼物をかき込んでいる。
団員2「――乞食と役者、三日やったらやめられないって言うけど、本当だネ」
団員3「本当、本当……」
団員4「――うまい、うまい……ア、美味かった」
最後に、おしんこの残りをつまみ、お茶をガブガブ飲む。
ギロリと睨む、女将。
団員1が、バン！と、一万円札を置く。
ビックリする、女将。
団員1「お釣り!!」
慌ててお釣りを渡す、女将。

51　夜道

意気揚々と引き上げる、四人の団員。

団員1「ソロソロ、出番だぜ！」
寿館の方へ向かう、一同。

52　寿館・舞台

見違えるよぅな、見事な演奏を繰り広げる、団員達――。

53　飲み屋〝かりん〟

先程から、山田が、壁に架かった絵をジッと見ている。安川は少々、酔い潰れている。
山田「(遠井に)この絵は？」
遠井「――これはネ、この店の持ち主が描いたものなんですよ。……何だか、訳の分らん絵でね…」
画面は――山中で、野生の男と女が、何組も追っかけっこをしたり、語らったり、交わったりしている。
真中に大きな湖があるが、霧なのかどぅか良く分らない。
(水の上を、走ったりしている様にも見える。)
山田「何だか、エロティックな絵じゃないか」
遠井も、椅子に座り、
遠井「この店をやってた男がですね、かみさんに逃げられたんですよ……多分……」
山田「多分？」

遠井「――真面目な、大人しい奥さんでね、中学校の先生をしとったんですわ……それが或る日、突然、神隠しにあったよぅに、消えちまった……蒸発しちまった」
二人「……！」
遠井「亭主の方は、それはもぅ、気が狂ったよぅに、ありとあらゆるところを探しまくった」
安川「警察へ、捜索願いとかも出したんですか？」
遠井「勿論、出しました。でも、何の手掛かりもなかった」
二人「……（ポカーンとしている）」
遠井「或る日、彼は、何を思ったか、山の中まで入って行ったらしいんですよ」
山田「……山って云ぅと……」
遠井「ここの、奥の……」
山田「フーン……」
遠井「そこで、こんな光景を見たって云ぅんですよ。その光景を一生懸命描いたのが、この絵……」
山田「まさか……」
遠井「まさかですよね……（煙草に火を点け）大体、こんな池とか、原っぱのよぅなものが、ある訳がない……そして、（絵の方を指差して）その手前の、後ろから男にやられている女が、女房だったって……物凄くよがってたって……」
山田「……まさか……」
遠井「勿論、まさかですよ……あんな、真面目過ぎるよぅな奥さんがねー……」

山田と安川、顔を見合わせる。

53A　二人の幻想——（映像で）

男の奥さんが、背後から、立ったまま犯されている。
そのよがっている顔に、雨か霧か、激しく吹き付ける。（少しずつ、スローモーションになる）

＊　＊　＊

山田「で、その男の人は？」
遠井「ヤッパリ、消えちゃったんですよ。……女房を探すって、山へ入ったって言ぅ者もいるんだが……単なる、蒸発だと思うよ。世の中をはかなんでネ……それで、ここが空き家になっちまったんで、俺が勝手に使わして貰ってるんですわ。まァ、昔からの、知り合いと云ぅ事でね」
山田「……」

53B　山田の回想——

山ですれ違った、ジャンパー姿の男を思い出す。

54　外の道（夜）

早足で歩いて来る、山田と安川。

山田「（興奮気味に）俺達は……奪われている！」

安川「……？」

山田「何者かに、奪われている!!」

安川「宿の、例のお手伝いさんに聞いたんですが、旅館の女将を寝取った男は、保健所の男なんかじゃありませんぜ…何やら、あちこちに出没している……」

山田「……!?」

安川「（妄想に駆られて）まさか、俺の女房、イヤ、元女房と出来た医者と云ぅのも……（激しく頭を振って）イヤイヤ、そんな事がある筈がなイ！」

二人、立ち止まって顔を見合わせる。

山田「……赤い、シャツの男!!」

55　寿館・楽屋の階段（通路）

二人、ドヤドヤと、進んで行く。

56　楽屋

フンドシ一丁の赤シャツが、〃イヤイヤ、疲れた〃等と云い乍ら、隣の小部屋から出て来て、御機嫌で、デンと坐る。

松山（坊ちゃん）が、にじり寄ってうちわで扇ぐ。（他に二、三人の団員も居る。）松山の女房（ミキ）が、隣の部屋から、襟を合わせながら、出て来る。

赤シャツ、坊ちゃんのうちわを払って、着衣し始める。

ミキ「ウン……教頭先生たら、凄いんだから……もぅー……（と媚を見せる）」

赤シャツ「ヘッヘッヘ……今日は又、格別だったな……えッ？」

ミキ「……うん、分ってるくせに……（バッグか何か持って）それじゃ私は、お先に……」

夫（松山）の方をチラと見……赤シャツにウインクして、帰って行く。

＊＊＊

赤シャツが、バンバンと、松山の五分刈りの頭を、叩いている。

赤シャツ「――この馬鹿が!!……あんな赤字ばっかりの鉄工所なんか放り出して、早いとこ他の仕事を見つけろと言っとるのに、何度言ったら分るんだ！」

松山「（涙をぬぐい乍ら）すみません。他に何の取り柄も無いもんで……」

バシッ！と頭を叩く、赤シャツ。

赤シャツ「そのたんびに、女房の身体を、借金の形に持って来やがって……まァ、俺も好き者だから相手にしてやっているが、ソロソロ、飽いて来たぜ！」

松山「何とも、何とも、申し訳ない」

床に額をすりつけて、謝っている。

＊　＊　＊

部屋の片隅に――影の如く坐っている、山田と安川。

安川「(山田の耳元で) あれが昔、坊ちゃんと言われた、松山ですぜ……変れば、変るもんですなァー」

山田「……あんなに、威勢の良い男だったのに……」

安川「空元気、だったんですかねェー……」

＊　＊　＊

赤シャツ、札の入った封筒を投げ出し、

赤シャツ「ホレッ！　これが、本当に、最後だぞッ！」

松山「……ヘイッ‼」

有り難く、封筒を押し頂く。

赤シャツ「……バカ者ッ‼」

又、松山の頭をピシャリと叩く。

松山、額をさすりさすり、〝それじゃ、これで、失礼致します〟等小声で言って、ソロソロと楽屋を出て行く。

＊　＊　＊

何故か急に、楽屋の照明が暗くなり――
赤シャツ「…どぅでえ、昔の坊ちゃんが、今じゃ、このザマだ…」
赤シャツ、片隅に坐っている二人の方へ、ゆっくり体を向けて、
赤シャツ「――なァー、うらなり！　山嵐！」
二人、ビクッとして、静止する。
赤シャツ、ニヤニヤと見ている。
完全に固まっている、山田（うらなり）と、安川（山嵐）――。

（F・O）

57　古いたたずまいの旅館街（翌日。昼）

赤シャツ、山田、安川の三人が、歩いて来る。

赤シャツは……かつての教頭時代を思わせる、古いスタイルの正装をしている。

赤シャツ「（山田に）……よくぞ、ここ迄、訪ねて来たな、うらなりさんよ……あんた、あのマドンナ

に振られて、その後、スッカリ、インポにでもなってしまったのかイ？」
山田「…俺は、インポなんかじゃねぇー……」
赤シャツ「フン……それじゃ、どうなんでェ？」
山田「……俺は、あんたのよぅに、やるだけじゃ満足出来なくなったんだ」
赤シャツ「フン、同じようなもんじゃーねぇか……満たされない欲望を、全部他人のセイにしやがって……そうだろぅが、オイ、山嵐⁉」
安川「(うろたえて) えッ⁉」
一同、古い大きな旅館の前に来る。
赤シャツ「ここだよなァー……俺が芸者の小鈴としけ込んだのを、おめぇ等が一晩中見張ってやがったのは……」
山田・安川「……‼」
と……旅館の前に、芸者姿の小鈴が、ポツンと佇んでいる。
赤シャツ「……来やがれッ‼」
赤シャツ、脱兎の如く走り出すと——
小鈴の腕を掴んで、旅館の門の中へ走り去る。
(その姿を——変速スピードで、数カット、繰り返す)
山田・安川「……‼」
ハッと顔を見合わせると、慌てて、後を追う。

58
旅館の中

階段を駈け登る、赤シャツと小鈴。

後を追う、二人。

長い廊下を走り去る、赤シャツと小鈴。

又、階段を登る。

追う、二人。

小鈴の嬌声——。そして、襖がピシャリと閉まる。

三味線と、小鈴の端唄。

二人、身動き出来ず、襖の前で固唾を飲む。

中から……着物を脱ぐ、衣擦れの音。

そして——かすかな嬌声、喘ぎ。

喘ぎ声が——段々大きくなり、そして、絶頂に達する。

二人、クソッと云った表情で顔を見合わせ、思い切ってその襖を開ける。

と……ガランとした座敷で、その奥に、更に襖がある。

二人、ソロソロと襖に近付くと、中からのんびりとした赤シャツと、小鈴の声（尻取り遊びをしているらしい）が聞こえる。

赤シャツ・小鈴（ＯＦＦ）「竹鉄砲、ポヤリ、陸軍の乃木さんが、凱旋す、雀、めじろ、ロシヤ、山ん国、黒畑、ケンケン、ケン玉、馬糞、ソシフ、フンドシ、締めた、竹鉄砲、ポヤリ、陸軍の

・・・・」
（途中から声は段々大きくなり、山田、安川、呆れた表情）

赤シャツ（ＯＦＦ）「これ、切りないね・・・・」

小鈴（ＯＦＦ）「こうやって、何回も繰り返すの、フ、フ、フ、・・・・」

赤シャツ（ＯＦＦ）「ところで、ソシフというのは何の事かね？」

小鈴（ＯＦＦ）「それが、私にも分らないの。」

山田、安川、目配せして襖を開ける。

中には――普通の着衣をした赤シャツと小鈴がおり、
小鈴「フフフ、悪い指・・・・」

小鈴が赤シャツの爪を切ってやっている。

赤シャツ「（顔を上げて）オヽ、どうしたイ？」

二人「・・・・!!」

赤シャツ「まァー、襖を閉めろよ。」

安川、背後の襖を閉めた途端・・・・部屋の中は、真っ赤になり、赤シャツと小鈴の姿は消えてなくなる。狼狽する二人に――オフで、
赤シャツの声「ハッハッハ・・・・お前達に、女達は満足させられんさ・・・・逃げた女房達は、みんなこっち側に居る。勿論、マドンナもナ・・・・ハッハッハ・・・・」

小鈴の声「・・・・女達は、善い人なんか望んじゃいないんだよ・・・・悪い男が、好きなんだよ・・・・」

嘲るような、笑い声。

山田と安川、力尽きたように、その場にへたり込む。


（F・O）

59 寿館

昼間で誰も居ない客席、又は劇場の片隅、又は楽屋——

赤シャツと校長の狸が将棋を指している。

のんびりと数手指し合うが、
赤シャツの桂馬が前に飛び出す。

狸、銀を上がって待ち構える。

狸「ヘッへ、桂馬の高跳び、歩のえじき……」

赤シャツ「……！」

仕方無く、前線へ角を送り出す。

狸、予告通り桂馬を手にするが、赤シャツ、その隙に角を成って、香を手に入れる。

狸「…アッ！」

そうこうする中に…狸の飛車の上に角が重なり……赤シャツ、角の頭に手にした香車を打って、
角か飛車の両取り。

狸「ウオッ!!」

と、手を上げる。

赤シャツ「待ったは無いですよ、待ったわ！　ルール違反は、校長の沽券に係りますからな。」

余裕で、煙草に火を点ける。

＊　＊　＊

狸「ウムッ……クソッ……」

バタバタと手が進む。

バシッ、バシッと、駒を打つ音。

そして、駒を取ったり、取られたり。

＊　＊　＊

やがて――

赤シャツ「(怪訝な表情で) 王手だよ… (と、指差す)」

然し、狸は盤上、全然別の方向を睨んでいる。

赤シャツ「王手だって、言ってるんだよ。」

狸、王を逃げないで、別の手を指す。

赤シャツ「‥‥」
　呆れ果てた表情で、相手の王を、取ってしまう。
赤シャツ「‥‥！」
狸「(不気味な笑いを浮かべて) ナーニ、王様が居なくなっても、立派な家来が揃っておりますけン。」
　飛車を動かす。
　赤シャツ、更に呆れた表情をしているが、指し手を続ける。

＊　＊　＊

　狸の王が居ないまゝ、二人は将棋を続ける。

　駒を取ったり取られたり、滅茶苦茶な乱戦。

赤シャツ「アッ！」

　あらぬ方を指差すのを狸が気を取られた隙に…赤シャツ、敵の駒を逆さにして、自陣の駒にしてしまう。

狸「(さすがに気付いて) ウヌッ‥‥貴様、寝返ったか‥‥クソッ！」

　再びバタバタと、乱戦。

赤シャツ「‥‥!?」

追い込まれた狸の銀が、枠の外に出てしまう。
狸「フ、フ、フ……場外乱闘に持ち込んで……」
赤シャツ、逆に、先程奪った敵の王を、自らの駒として打ってしまう。
狸「フッフッフ、王が2枚か……標的が多くなって、狙い易くなった。」
それからは、更に滅茶苦茶——
赤シャツは、飛車を自陣の駒を飛び越えて、敵中に侵入。
狸「(さすがにビックリして)……!」
自分の桂馬を何段飛びもして敵陣へ突入。
赤シャツ、角を行ったり来たりして、敵の駒を取りまくり…両者、無茶苦茶になって、
赤シャツ「……ア、ワ、ワ……」
盤上の駒をグチャグチャに崩すと、狸も負けじと、
狸「ワオーッ!!」
盤ごと、引っくり返す。
〝ピシッ!……〟
どうやら赤シャツが、狸にピンタを食らわしたらしい。
赤シャツ「……!」
狸「(信じられず)……」
やがてその顔に、ムクムクと怒りが湧いて来る。

60　寿館舞台（昼間の稽古？）

　校長の狸が、湯気を立てて怒っている。

狸「オー、お前等……今日迄、校長のわしをないがしろにしやがって！　狸、狸と、馬鹿にしやがって！」

赤シャツ「（笑って）本当に、狸じゃねぇか！」

狸「――何をッ!!」

　腹を叩くと……本当に良い音がする。

野だいこ「（しゃしゃり出て）これは良い音でごじゃる」

狸「何をーッ！　今日という今日は、もぅ我慢がならン！」

　狸、服を脱ぎ、レスラー姿となる。

狸「決着をつけてやろぅじゃねぇか！」

赤シャツ「オー、望むところよ！」

　と、これも服を脱いで、レスラー姿となる。

野だいこ「――見合って、見合って！」

赤シャツ「（野だいこに）相撲じゃねぇーんダ、馬鹿！」

野だいこ「（額を叩いて）こりゃ、失礼しました」

　レフェリーの、真似をしている。

＊　＊　＊

両者、組み合う。

狸、巧みに背後に周り、赤シャツの首を捻る。

赤シャツ「……ウグッ！」

息ができない。

背負いに行こぅとするが、重くて身動き出来ない。

その中…何とかスルリと抜け出して、

赤シャツ「……イテッテッテ……」

首を、カクカクやっている。

赤シャツ「この阿呆…馬鹿力出しやがって……」

股間を、蹴り上げる。

狸「……イッテッテッテ……」

と、うずくまる。

赤シャツ、更に蹴りを入れよぅとすると、狸、足をすくって――

赤シャツ「ア、ラッラ……」

狸、赤シャツを持ち上げて、投げ飛ばす。

〝ズダーン!!〟周りの壁に、したたか、体をぶつけられる。

野だいこ「場外！　場外でごじゃる！」
　赤シャツ、ヨレヨレになって戻り乍ら、
赤シャツ「体重の階級制を入れて貰わんと、こんな馬鹿力のバカと、一緒には出来んぞ！　イッテッテ……」
　と、膝の辺りをさすり乍ら、膝まづく。
野だいこ「――そうでやんすか……とりあえず、旗判定！」

＊　＊　＊

　何時の間に坐ったのか――
　両サイドの椅子に坐ったらうなりと、山嵐が、旗を上げる。

61　同・薄暗い客席（客は誰も居ない）

　赤シャツが〝オー、イテッ……〟等言い乍ら…足に薬をすり込んでいる。
山田「――何なんですか、これは？」
赤シャツ「稽古なのに、本気を出しやがって、クソッ……」
　薬をぬり続ける。

＊　＊　＊

赤シャツ「うらなりさん、あんた、その後、例のマドンナと会ったか？」
山田「……イヤ……」
赤シャツ「そうか。そりゃ、良かった……」
山田「……あなたは、会ったんですか？」
赤シャツ「アー、何度かね……下品な女になってるよ…名古屋で、麻雀屋の女将になってるよ」
山田「……！」
赤シャツ「まだ、未練はあるのかイ？」
山田「イヤ…全然……」
赤シャツ「ウン、その方が良い。幻滅するだけだよ」
　治療を終り――
赤シャツ「それより、今夜は、本物のマドンナを見せてやるよ……山から、呼んであるからな……」
山田「……？」
赤シャツ「……（にんまり、笑う）」

62　舞台（同・夜）
　最前列に、かぶりつきの客の頭が見える。

スクリーンに――

何時かの、山に消えたと云う女教師らしき女（然し、ぼうぼうと髪は伸び、〃山姥〃のおもむき）が、背後から男（山男）に犯され、泣き叫んでいる姿が映る。

女「（叫んで）いい！　ウオーッ!!　女になったーッ!!、ウオーッ!!」

やがて――

投射スクリーンの画像は消え、白く透明なスクリーンに、女（山姥）のシルエットが映り、立ったまゝ男のシルエットと抱き合い、身体中を愛撫されのぞける。

やがて、男の腕を取り、誘うようにして（スクリーンはユラユラとなびき、シルエットは変形する）、仰向けに横たわるようにして（下へ）姿を消す。

そして、大きく変形した男のシルエットが、ゆっくりとその上に被さる。

先程の、猛烈な歓喜の叫びが続き――

スクリーンに、森の大木の梢、夜の大木の梢がゴーゴーと風に揺らぎ、女の叫びと混じり合う。

＊　＊　＊

やがて――
スクリーンが切って落とされると、奥はもうもうとした白煙で、更に、白煙がきれいに晴れると、涼し気な――旅館か下宿風の一室・その壁面で、衣紋掛けに、赤シャツが一枚、涼し気に、風に揺られている。

63　夜の河原

焚き火を前に、赤シャツと山田。
遠くに、町の灯がチラホラ見える。
赤シャツ、酒をチビチビ飲み乍ら、
赤シャツ「――あんたの、〃やる事だけじゃ、満足出来ん〃と云うのは、分るよ……（ポケットから手帳を取り出し）然し、この世に生きている限りはナ…（手帳を見て）フン……女とやる予定が、ギッシリだ。こんな役回りも、もぅ飽きた……」
赤シャツ、ポケットに手帳を収め、グビリと酒を飲む。
赤シャツ「……うらなりさん…イヤ、山田さん…何時か、ちょっと盗み聞きしたが……」
その時――安川が、ワンカップの酒を数個抱えて、やって来るのが見える。
赤シャツ「……あんた、奥さんに逃げられて、一人者だと云うのは、嘘だろぅ？」
山田「…!!」
ギクッとした、表情。
赤シャツ「……ヤッパリ、そうか……この世では、あんまりヤバイ事は、避けるもんだよ。男にしろ、女にしろな……」
側に近付いて来た安川、

安川「(怒った表情で) ……山田さん!」
山田「……! (表情が固まっている)」

63A 逆回転して行く映像

――京子が西井と抱き合って、〝私が殺すわよ〟と云うシーン、駅で見張っている、山田。

その前を通過して行く、京子――

電車の中で見掛ける、西井。

震える手でダイヤルしている、山田。

障子の向こうで、キスしている、京子と西井。

障子の前で、身動き出来なくなっている、山田。

〝すまん、すまん〟と――一人、涙を流している山田――

それ等、かつて山田が安川に語った画像が、逆回転して――止まる。

64 元の、河原

安川の、焚き火の前に坐っている。
長い沈黙の後――

山田「だが、俺は、ズーッと奪われている。逃げられている……何から……〝ふるさと〟からか……」
　頭を掻きむしる。
赤シャツ「うらなりさん…あんた、何代目だ？」
山田「私は、五代目だ」
赤シャツ「山嵐は？」
安川「――私は、6代目です」
赤シャツ「そうか……俺も、6代目の赤シャツだ。なァー、初代の頃は、まだ、良かったじゃねぇーか」
　遠くを見る目付き。
　山田を安川も、それぞれに顔を上げる。

64A　**マドンナの白黒の写真――**
　ハカマを穿いたマドンナが、チョット傾めのポーズでこちらを見ている。
赤シャツのN「――初代のマドンナは、きれいで、おぼこだった」
　山田も安川も、ウットリしている。

64B　**カラーの風景**
　美しい、テニスコート。

マドンナ達、女の子達の、楽し気な笑い声——そして、テニスの、ポーン、ポーンと打ち合う音。

(全て、オフで)

桜の花びらが、ハラハラと散る。

64C　広く、ゆったりした木の公衆浴場——

開け放った窓から、外の緑が見える。

浴槽(温泉)には——赤シャツ、うらなり、山嵐、坊ちゃんが、のんびりとつかっている。

山田のN「風呂に、のんびりとつかってねぇー」

64D　元の河原——

赤シャツ「まるで、極楽だ」

65　寿館・舞台

司会者「——それでは、東京からお越し頂いた、樋口一葉(いちば)先生をご紹介いたします。盛大な拍手で、どうぞ!」

盛大な拍手で、袴姿の樋口一葉が登壇。

一葉「——私が、ご紹介に預かりました、樋口一葉でございます。……最近、オケシマイタオという男が、或るトーク・ショーで、このような事を言っております。この男は、大体がバカなのですが、一つだけ良い事を言っており、それは人間にとって、〝子供性〟が、如何に必要かと云ぅ事であります。（水を飲み、扇子をバシッと叩き）古来、西欧ョーロッパでは、子供は出来損ないの大人のように言われていますが、そんな事はないんじゃー!!（バシン！　バシン！）振り返ってみれば、我が著作、傑作中の傑作と言われている『たけくらべ』等も、子供の子供性を豊かに表現したものに他ならない。分っとるかッ！（バン！）あの作品の末尾で暗示しておいたよぅに、子供の世界は、やがて卒業せざるを得ない。そして、アア、悲しいかな…大人は、子供の頃を忘れてしまい、或る段階を超えると、忘れてしまった事すら忘れてしまぅと云ぅ、体たらくじゃ！（バン、バン、バシッ！）サァ、お立ち会い……この事は、我々が見る〝夢〟と、良くその形が似ておろぅが、どうじゃ、そこのおっさん？」

客1「――おっさん、て……」

一葉、ガブガブと水を飲み、

一葉「――或る時期、人間は子供の心を忘れて大人になる。まァ、これは然し、仕方の無い事でもあろぅ。じゃが、世の傑作と言われる作品は、必ずこの子供の心をもぅ一度取り出したところに成り立っている事を忘れてはなるまイ。遠く、ふーらんすには、アルチュール・ランボーと云ぅ詩人がおったわィ。こいつは、僅か十八・九の時に、もぅ大人になって、更に子供の頃を思い出すと云ぅ放れ業をやったわイ。『地獄の季節』がそぅじゃろぅが。……子供の頃集めたガラクタ類、ガラスのかけらや幼稚な挿し絵がどれだけガキの自分を興奮させ、夢見心地にさせたか……忘れた瞬間に思い出すといぅ芸当をやっておられる。私ゃ、感心したねぇー。何も、早けりゃ、早い方が良いといぅ話ではない。然し、のぅー……（セキ払い）不肖、この私も、実に早かった。二十才を過ぎる過ぎんに、もぅ、子供の日々の宝庫のよぅな価値を見出し、あれだけの傑作をものにしたんじゃからのぅー。イヤ、イヤ、我ながら大したもんじゃー」

水を、ガブガブ、飲む。

一葉「私ゃそれから、菊坂町の家に潜んで、百年以上、この世の中の移り変りを、ソーッと観察しとった。（急に怒って）何たるザマじゃー！　オーッ！　少しは、恥を知れ！　人間が、子供の心、女の心をちゃんと理解しとったら、こんな事にはなっとらんぞ！　おめぇ等、地球や自然を、どれだけ痛めつけたら、気が済むんなら！」

客1「何か、急に岡山弁っぽくなったなァ」

客2「うん」

一葉「……これでもか、これでもかと、痛めつけやがって！（腕をまくり）なめとったら、あかんどーッ！」

客1「今度は大阪弁ダ」

客2「うん」

一葉「——何十万年、何百万年もかかって、地球の下に眠っとった石油を、わずか百年、百五十年の間に、スッカラカンにしやがって……今度は、よりによって、原子力じゃとッ!?…そんなもんまで使わんならん程、お前等の下らん欲望は肥大してしまったか！　そして、そして……ガラクタを、まだまだ作り続けんと、気が済まんのか!?　オーッ、文句があるなら、出て来ーいッ!!」

　客1、手を上げて、
客1「あのー、先生、質問が……」
一葉「何じゃー」
客1「あんた、明治の半ばから今日迄、ズーッと生きて来た言ぅんですか？」
一葉「そうだよ」
客1「そんなバカな」
客2「――偽物だよ」
一葉「何ッ!?」
客1「それじゃ、この前の戦争中は何をしてた？　戦後は？」
一葉「オーッ、戦後は、ストリップ劇団で、踊り子やってたわな……懐かしいなァー、ジプシー・ローズさんと…」
　袴の裾を持ち上げ、踊って、
　〝あの子、可愛いや、カンカン娘ーッ……〟
　客達、立ち上がり、口々に、
　〝嘘だッ！〟
　〝そんな事、ある訳無いッ！〟
　〝インチキ、一葉！〟
一葉「(血相を変えて) 何ッ、インチキだとッ！　この、アホンダラーッ!!」

舞台を飛び降り、客と乱闘――ケリを入れる。
〝まァ、まァ…〟と、司会者等がとめに入る。

66　飲み屋〝かりん〟・内部

司会者や数名のスタッフと一葉。
司会者「(乾杯の格好で)本日は、お疲れさまでした」
一葉、ビールをゴクゴクと飲み、
一葉「ウーン…ビールはやっぱり、ラガーが美味いねぇー」
スタッフ1「――先生、日本酒もありますよ」
一葉「アッ、そぅ…頂だい」
美味そうに飲む。
一葉「――あんたも、飲みなさいよ」
スタッフ1「アッ、こりゃ、どぅも……」
一葉、酒を注いでやる。
一葉「ねぇ、あんたたち、芸能界の人でしょう?」
司会者「えー、まァ、そぅ云う訳でもないんですが、少しは……」
一葉「そいじゃサァー、石坂浩二に会わしてよ」
司会者「(ビックリして)石坂浩二?」

一葉「私、あの人好きなんだァー……ハンサム（男前）だもん」
司会者「へぇー、ああ云ぅタイプがお好きなんですか？」
一葉『『細雪』のあの人、良かったわァー。まァ、金田一シリーズの金田一耕助も良かったけどねぇー」
男達、顔を見合わせて、
スタッフ1「――結構、御覧になってるんですねぇー」
一葉「そりゃそうよ。（酒を注がれて）オットット……」
スタッフ1「でも、石坂浩二も、もぅ、大分としですよ。なァー？」
スタッフ2「ウン……〝何でも鑑定団〟なんか見ても……」
一葉、突然立ち上がり、ミュージカルの調子で――
一葉「……それでもいいのー…浩ちゃん呼んでー……会いたいわー……」
男達「（ミュージカル調で）こりゃ、驚いた。石坂浩二とわァー……」
一葉「（立ったまま、ミュージカル調で）私、ミュージカル好きよー……」
スタッフ1、立ち上がり、
スタッフ1「（ミュージカル調で）『野郎共と女達』も好きかーい？…フランク・シナトラと、マーロン・ブランドの、どっちが好きかーイ？」
一葉「（白けて）やめなさいよ……古いんだよ」
スタッフ1、頭をかきかき…共に坐る。

スタッフ2「先生は然し、半井《なからい》桃水と云ぅ師匠と…」

一葉、再び立ち上がり、

一葉「(ミュージカル調で) それを言うたら、あかんがなァー……」

スタッフ1「(立ち上がり、ミュージカル調で) 言わずに、おられますかいなァー……」

一葉、再び白けて、

一葉「止めなさいよ」

二人とも坐り——酒を飲み続ける。

67　河原 (夜)

山田が一人、ポツンと焚き火にあたっている。

＊　＊　＊

山田の脳裏に——又、例の妄想が浮かぶ。

美しい女が、男の首筋にしがみついて、歓喜の声を上げる。

〝木村さん、木村さん……!!〟

＊　＊　＊

山田、ビクッと顔を上げて、

山田「…木村さん!?」

山田、了解して、

山田のN「……そうか……あれは、谷崎の『鍵』の一場面だったのか……京阪電車に乗って、京都から大阪へ行って……旅館で亭主の弟子と逢い引きを重ねる……ヤッパリ、〝奪われてる〟な……」

＊　＊　＊

その時…赤シャツが、焚き火用の木片を持ってやって来る。

赤シャツ「もぅ、年の瀬だねぇー」

山田「そうだねぇー……」

赤シャツ、坐って──

赤シャツ「山田さん……あんた、この間、面白い事を言ってたねぇー」

山田「……」

赤シャツ「人間の男と女が……誰からも教わらず、何の情報もなくって、セックスする行為なんてものを、思いつく事が出来るだろぅか?」

山田「(苦笑して) そうだねぇー、一種の、〝発明〟だからねぇー……」

赤シャツ「本能だけでは、ねぇー……」

山田「無理かも知れんねぇ―…特に、今の若い連中には、ねぇ―……」
赤シャツ「……ましてや、子供を作るなんて事はねぇ―……」
その時、道路の方から、数人の男が、こちらへ向かって走って来るのが見える。
赤シャツ「(血相を変えて)しまった!! 取り立て屋だっ!!」
川沿いから、迂回して、街の方へ逃げようとする、赤シャツ。
取り立て屋達、口々に――
〝アッ、と……あっちダ!!〟
〝この野郎! 待てッ!!〟
大分遠くで――
赤シャツ、つかまり、殴られる。
転んで、立ち上がり、更に逃げよぅとするのを、捕まり、足蹴にされる。
と、その時――
取り立て屋「オッと……まじィ! サツだ!」
更に、二・三回蹴とばして、逃げて行く。
山田、遠くから、これを見ている。

＊　＊　＊

刑事「（逮捕状を出し）ワイセツ物陳列罪で逮捕する。（側の警官へ）オイ！」
警官「ハイ！」
〃ガチャリ〃と……赤シャツに手錠をかませる。
山田が近付くと、手錠の両手を上げて見せる。
山田「（叫ぶように）俺達は、何処で死にゃいいんだ!?」
赤シャツ「俺達のように、頭の皮をはがれてしまった者には、穏やかな死に場所はないサ」
少しの間、尾いて歩く山田。
赤シャツ「――うらなりさんよ……襖の中と外に、同時に立つ事は出来んよ……そいつは、不可能だ……」
茫然と見送る、山田。
遠くに去って行く、赤シャツ達の姿。
山田「（暫くして、つぶやく）……不可能な事を求めないで、何の生きる楽しみがあるんだ……」

68　早朝の旅館街（情景）

69　常磐旅館・レジ（フロント）

帰り支度をした山田。
山田「――二人分、お願いします」

女将「ハイ」
精算を済ませて、
山田「（女将に）赤シャツさんが、昨夜、捕まったよ」
女将、黙って――
山田を睨みつけるようにする。

70　旅館街

山田、（駅の方へ向かって）歩いて行く。
山田「……？」
安川が、煙草屋の店番に坐っているのが見える。
山田「（近付いて）安川さん……山嵐さん……」
知らん振りをして、置物のように坐っている、安川。
山田「……安川さんだよネ？……どうしたの？」
安川「私はもう、百年も、ここで店番をしております」
山田「（驚いて）……！」
その時……幸代が背後に来て、
幸代「あんた、自販機のつめ代えをやっといてよ！　それから、今日はJTが来るから、注文の品を、ちゃんと書き出しとかんと……煙草屋の仕事って、店に座っとるんだけが、能じゃないんだからネ」
　ピシャリと言い置いて、奥へ引っ込む。
　それをチラと見て、山田、去って行く。

＊　＊　＊

　下駄履きの安川が、後を追って来る。
安川「……山田さん！」
山田「（振り返って、立ち止まり）ヤァー……」
安川「（深々と頭を下げ）本当に、ありがとぅございました」
山田「イヤー、こちらこそ……で、なに……婿養子に入っちゃったの？」
安川「ええ……エッヘッヘ……（と、頭を掻く）」
　山田、肘でつっついて——
山田「良かったじゃない、〝定着〟出来て……」
安川「……ええ、まァ……」
　安川、涙を流している。
山田「（又、肘でつついて）結構、手が早いんだから……」
安川「（照れて）何年か前に、亭主を亡くしたといぅもんですから……」

山田「それじゃー……」
と、行きかける。
安川「アッ、山田さん。これ、荷物になるかも知れないけど……」
山田のバッグを取り、煙草をワンカートン、中へ入れる。
山田「アッ、そうだそうだ、忘れてた」
バッグを取り返し、中から封筒（中に札が入っている）を取り出し、
山田「これ、タクシー代……大体の見当で入れといたけど……」
安川「イエイエ、そんな事……」
山田「そぅは行かないよ……イロイロ、好き勝手、迷惑かけたんだから……アア、ところで、あの車の始末は大丈夫なの？」
安川「ハイ……後日、会社へ届ける事になってます」
山田「そぅ……そりゃ良かった。（急に思い出して）アッ、あの西行さん、レッツ・ゴーさんか、どうしたろぅねぇー。」
安川「（急に接近し）それがですね、実は、今度の、その、女房のですね….叔父に当たる人なんですよ。」
山田「えーッ!!」
二人、顔を見合わせる。
山田「それじゃ、大事にして上げないと….何しろ、あれ程立派な人なんだから….」

安川「(腕組みして) あの、観察眼はねぇー……」
山田「そうそう、ズームで寄るとこなんかねぇー。」
安川「他にも、女子サッカー、女子バレー、女子競泳、女子短距離、みんな詳しいらしいですよ。」
山田「みんな、女子ネ。……」
安川「(苦笑して) そうなんです。」
山田「でも、君も、急に縁者が増えちゃって良かったじゃない。〝定着〟せざるを得ない。」
安川「えゝ、まァー……」
山田「ハッハッハ……それじゃお元気で……」
安川「山田さんも……うらなりさんも……」
山田、頷いて、去って行く。
深く頭を下げる、安川。

71 人通りの無い、駅への道

山田のバッグの中で、ケイタイの呼び出し音。

山田、怪訝な表情で、近くのベンチに座り、ケイタイを開ける。

メールが入っており——

「虚数 $\sqrt{-1} = i$ 父より」と、ある。

山田「(つぶやいて) 親父から、メール? 一体どぅ云ぅ事だ。親父は、もぅ、四十年前に死んだんだぜ」

以下、メールの追伸——

「人生は、その殆んどが、隠れたもの、不可能だったものから成り立っている……」

山田、メールから目を離し、宙空を見上げる。

71A

山田の回想——

年の暮れ、食後の山田家。

座敷で、酔っ払った二十代の山田と、親父が、どんちゃん騒ぎをしている。

開け放った障子から廊下へ、踊り乍ら出たり入ったりして——大声で歌い、

〝愛しちゃったのよ、ララ、ラ、ラ…

あなただけをー、死ぬ程にー、
ラララ、ラララ…

ラララ、ララ…〟

…呆然として二人を見守っている、母親。

山田のＮ「——親父は、何もかも、抑えながら、生きていた。欲望は、人一倍強かったのに…酒にしろ、女にしろ……自分の、才能にだって……」

山田、顔を伏せて、泣く——。

72　都内の電車（山の手線？）の中

――既に、元日の早朝。

山田が乗っている。

フト見ると――向かい側の席に、樋口一葉が坐っているのが見える。

山田、立ち上がって近付く。

山田「ヤー、お帰りですか……」

暫くして、隣の席に坐る。

山田「……本郷菊坂町の方向とは、逆の方向ですが……菊坂町へは、帰らなくて良いんですか？」

＊　＊　＊

スチール
菊坂町の、例の手押しポンプのある風景が入る――。

＊　＊　＊

一葉「……」
山田「そぅ云えば、今日は元日だ……あなた、昔作った歌で、元日の朝を詠んだ歌がありましたねぇー……〝あらたまの年の若水くむ今朝は……〟」
一葉「〝そぞろにものの、嬉しかりけり……〟」

＊　＊　＊

菊坂町の風景に——歌のスーパーが被さる。

＊　＊　＊

山田「なーんか、昔は、正月というのは、それだけで厳粛な気がしたなァー」
一葉「——なんか、ワクワクするよぅな…訳もなく嬉しいよぅな」
山田「そぅそぅ。その日だけは、神様と出会えるよぅな」
一葉「そんな正月気分は、無くなったねぇー」
暫くの、沈黙。
山田「ところで、あなたは、何処へ帰られるんですか？」
一葉「（ちょっと、憤然として）何言ってんだイ。わたしは、ズーッと、あんたの女房じゃないか」
山田「（思い出して）そうか。……そうだったですねぇー……すいません」
一葉「フン……（少し、怒った表情）」

＊　＊　＊

車窓から、遠くに富士山が見える。

山田「（ＯＦＦ）アッ、富士山！」

一葉「（ＯＦＦ）空気が澄んでるから、見えるんだねぇー」

山田「（ＯＦＦ）珍しいよ。こんなところから、富士山が見えるなんて」

一葉の笑い声。

そして――

end

エッセイ……………………。

父の〝目〟について

猥褻なるものについて語る前に、若干私の個人的な体験について話しておきたい。

今から二十数年前、私はある田舎町の小学生だった。戦争が終ったばかりで、世の中も混乱していたろうが、当時七・八才の私の精神はもっと混乱していた。私は大阪に生れ三才までそこで過ごした。そして今で思えば、やっと自分の外界へも目が開き、自分が生れてきたこの世へ対して子供なりに幾つかの手掛りも、つかんだ、いわばやっと一安心した——そんな時期に、疎開ということで、まったく見知らぬ、まるで初めての場所へと連れて行かれた。その後、さらに二・三ヵ所を転々とし、やっと落ち着いたのは母の生れ故郷というわけであったが、このような、これが自分の生れてきた世界であるか、とホッとした瞬間バリバリとその場所から身をハガされ、次の場所でその傷跡の、いまだ癒えぬ矢先、また次の場所へ、しかもその度に人間関係から家の事情すべてが悪化するばかりとあっては、これが子供の精神へ良い影響のあろうはずがない。私は子供心ながらも、こうした自分の身の変化をどう理解して良いか判らず、自分の心に与えられた混乱をどう収拾していいかもわからなかった。小学校へ入る年頃になっても、私の精神は、三才の子供のそれより不安定であり、いや、年を経るに従って、増々混乱の度を深めていくばかりであった。

その上に、学校という社会生活が始まった。私はたぶん、軽度の小児ノイローゼ位にはなっていたと思う。毎晩恐ろしい夢を見てはうなされた。今日語ろうとするのは、その夢についてなのだが……。

毎晩その夢は、これから眠りに入るぞという、少しウトウトしかけた時分に私を襲った。それは何やらドロドロとして恐ろしく、形も筋もありはしなかったが、この恐ろしい夢にうなされだすと、私はもういてもたってもいられなくなり、布団を脱け出して泣き喚き、そこら中を暴れ回るのであった。しばらくそうした夢遊病者的行為を続け、やがて疲れて来て、目の前で自分を呼ぶ母や兄の声にやっと我に返ると、自分が寝呆けていたことに気付き、てれ臭い思いをしながらコソコソ布団の中にまた潜り直すという風であった。なにしろこれがほとんど毎晩、しかも一、二ヶ月は続いた。

ある程度学校の生活にも慣れ、もとより子供の病気であってみれば、心身の発育によってこうしたものも一時的幼児現象として何時の間にか直ってしまうものであり、私のそれもやがて自然に直ってしまったが、しかしこの夢の恐ろしかった事実と、泣き喚き走り回っている時の自分の情けない気持だけは、けっして忘れることができなかった。それは、それ以後の私の精神と、決して無縁であることはできなかった。私はそれ以後も、何度かこの時の体験に近ずき、これを反芻しようと試みた。しかし、それは容易な技ではなく、夢の内容が毎回同じものであること、私の陥るあの情けない気分も、大体何時も同じ種類のものであった、そうしたことに思い当る程度であった。

それから何年も経つうちに、私はそれでも何か、あの悪夢の前後の、漠とした共通の気分とでもいったものを、何とか、捉えることができるようになって来た。私は何度も反芻し、確かめた。その時の気持に近ずき、それが後年の自分の生活感情の中で近しいものと比べてみた。

そして今、やっと私はある程度まとまった言葉でそれを表現することができる。まず第一にその時の私の不安の核心に、〃自分は今、とんでもない、間違った場所にいる〃という考えがはっきり働いていたという事だ。そこから続いて起るのは、〃自分は、今直ぐ、本来いる場所へ戻らねばならない！〃その想いなのだ。考えてみればこれ程居心地の悪い考えは無いわけで、足元を揺さぶられている様な不安定な感覚に違いない。


私はこの騒ぎの最中、絶えず母を呼び求め、母が目の前で〃お母ちゃんはここにいるじゃないか！〃と怒鳴ると、私は母を睨みつけ、〃違う！違う！〃と叫んだのを思い出す。私の母も、疎開して以後は生活に精いっぱいで、ボロも着ていたし汚れてもいた。

私がこのとき、自分のいる場所が違っているといい、戻らねばならないと強い衝迫をもって考えた、その場所とは、たぶん魂の底に眠っていた（三才頃迄の体験など、記憶としてはそう無いから）、大阪の生家であったろう。そこにはまだ、サラリーマンの妻として、身ぎれいで優しい母もまた待っているはずだ。私の危機に瀕した精神は、たぶん本能的にその場所を目指していたはずであった。

こう考えてくる時、私は若干の自己憐憫の情を禁じ得ないが、ところで、この夢についての観察で判明した第二の点は、〃自分が絶えず誰かに見つめられている〟という気分なのであった。この目は、事実夢の中に何度も現れ、私をじっと見つめていた。私がひょいと目を開けると、その目は私を睨んでおり、自分が見ていない時も相手は自分を見ていたのだということに気付く。そして、その思いが私を脅えさせ、不安におののいて行く動機となるのだが、さて、この目についてだけは、私もさっぱり何事だか分らなかった。

＊

中学一年の時だった。長い父母の別居生活も終り（疎開中、父はずっと大阪で働いていた）私たちも大阪の近郊で父とともに暮らすようになっていた。

家の庭で、父が自分の固い腹を自慢し、私に叩いてみろといった。（後日私は、慎太郎の小説か何かで、全く同じシークエンスに出くわしたが）私は私で自分の腕力を自慢したい気持もあり、父の腹を思いっ切りブン殴ってしまった。

父は、ウッ！、といって身をかがめ、矢庭に私を怒鳴った。〝馬鹿！　力いっぱい殴る奴があるか！〟

私は一瞬憤然とし、青ざめたかもしれない。父が私に向かって本気で声を荒らげる様な事は（後日は別として）その頃では珍らしい事だったから。私は少し悲しい気持になり、しばらくうつむいていたが、再びひょいと振り返り、今一度父の顔を見た。

その時の父は——すでにてれたような笑いを浮べていたが、しかし目の中には未だ先程の怒りの表情が燃え……私を探るような目つきで見つめていた。

この怒気を含んだような目、血管のにじんだ目、そして、私が背を向けている間も、私をジッとうかがっていたらしい、何やら探るような様子——私は、何かに思い当りそうな気持でいながら何にも思い当らない、そういうもどかしい気持のままその事は忘れてしまった。ただ、このような父の目を確か何時か、以前にも見たことがあった、そういう気持だけが残った。

それがあの幼い頃の夢に、度々現れた目であることに気付いたのは、ずっと後年のことである。

＊

三年程前のことだ。父親は半年程前に死んでおり、私は何やら途方に暮れた思いで毎日を送っていた。父親が死んだので途方に暮れたわけではないが、しかし全く関係が無いわけではなかった。私はさらにその前年に姉を一人亡くしており、重なった肉親の死はどうひかえ目にいってもショックであった。

何もかも定かでなく、私は眠れないまま朝を迎え、そのまま机に向かってぼんやり坐っていた。何か考えていたが、特別何の形もなさず、ただ夏の朝はどんどん明けて、外には快晴とおぼしい空が窓の一角から見えるだけだった。

私は何やら淫らな想いにひたり、それがだんだんと形をなして来た。それは全くもって猥褻な感じで、しかし、その時の私には、どんな感情でも、それが生きたものであるならそれで良かった。私は、卑猥な想念を、意の赴くままひたすら追い続けたと思う。

やがてその想念は徐々に形をなして来た。私はその構図を既に無意識のうちに知っており、後はその出来上りを待つだけだという、そんな思いであった。私の猥褻な妄想は、こうして最後の浮上を終り、今はっきりと私の眼前にその輪郭を現わしたのだ。そして、その瞬間、私は愕然とせざるを得なかった。

何よりも、その構図たるものは陳腐であった。それは、一枚の、春画的構図であった。女が居り、赤ん坊を抱いている。その側で、男が女に後ろから挑んでいる、そんな構図であった。何処にでもある平凡な春画のパターンで、これが先程から私が身中育てていた、猥褻な妄想の結果であるとはとても思えなかった。私は一種憮然たる思いで、この構図を眺めていたのである。

しかし、その次に続いて起ったひらめきは、オーバーに云えば、実に私の幼少時からのなぞを一瞬のうちに解くものだったのである。

私は先に述べた二つの事柄をほとんど同時に思い浮かべた。私は、自分の夢に現れた恐い目が、実は父の目であった事に思い当った。恐らく、どの父親でもやるように、母の抱いている私の顔を父は度々のぞき込み、私を見つめたはずだ。私は母の胸に抱かれ、その乳房をしゃぶっていたから、母というものは丸で自分と一心同体と思っていたかもしれない。それなら、私の目に映った他人の顔、他人と自覚した最初の顔は、自分の父親の顔だったかもしれない。

しかし、それが果してそれ程恐い顔であり、夜な夜な夢にまで現れるとはどういう事だろう？

そこまで考えてきて私はすっかり愉快になった。成程親父ならやりそうなことだ、私は死んだ親父に笑いかけた。親父は私は覗き込みながら、未だ私の手に握られている女房の乳房をちょいと覗め、おつな気分になったに違いない。そのまま手を女房の尻へと回し、まさぐり始めたのだ……

しかし、ここで重要なのは、貞淑な私の母が微動だにせず父のこの悪戯に耐えたのは当然としても、父の方までこの構図を壊さず、私の顔をのぞき込みながら事を行っていた風なのはどういう訳だ？　多分親父はこの構図を壊したくなかったのだろう。というよりも、この構図そのものに親父は欲情を感じていたはずだ。赤子をあやす父母の慈愛に満ちた姿、そしてその奥裏側では、まるでからくりのある博多人形のように親達はけしからぬ行為に及んでいる。その淫らな快楽のメカニズムを保障しているのが赤子の二つの目なのだ。

これはもう、〝春本的ないやらしさ〟というべきであり、最初にこの構図から受けた滑稽本的印象は既に無い。孤独で悪意のある、猥褻の感覚がとって代っている。そして幼少時私がうなされ続け、今日まで私が恐れて来たものは、この、親父の、猥褻な〝目〟だったのか？

私はこうして次々に思い当る過去の疑問に光を当て、深い確信をもった。その最大の根拠は明白で、俺も親父の子だという事だ。俺自身の猥褻な妄想が作り上げた構図を、俺の親父が考えなかったはずは無い。親父は私をそうした目で見つめ、あるいはそうした日で見つめた過去を思い出しながら更に見つめ、そしてあの世へ行ってしまったのかもしれぬ。いや、あの世へ行ってからもさらに見つめていたらしく、窓の外の青い空に、これはまた快活な親父の笑い顔を私は見たのだ。〝やっと分ったか、馬鹿奴！〟親父はそう云っていた。私は、三十を前にした年令で、やっと初めて、親父を見つめ返したのだ。〝この、助平野郎！〟と――

こうして得た解答、あるいは父親の猥褻な目が、一体何を意味するものなのであるか、私にも充分明らかではない。

しかし、私が、途方に暮れていた生活の中で、このある意味で馬鹿らしくこっけいな結論に達したことは、何やら意味が有りそうに思えた。それは人間が生きる目標も失い、どう生きて良いかも分らぬ様な時、唯一自分を生かしていく様な想念（妄想でも良い）ではないだろうか。それならそれは、人間にとって根源的なもので無いはずがない。

私はその後の数年間を、この様な悪の感覚を頼りに生きて来たような気がする。それは一歩一歩、自分が純粋ならざる者であることを確かめながら生きることであり、あるいは逆に、純粋さをけがすような形でしか生というものは無いことを確認することでもある。そして、夢とも幻とも定かでない、運命に似たような暗い流れを自分が泳いでいる、そうした実感を得たことが、長い自己探索の果てに私が得た収穫であるといえばいえるかもしれない。

『映画芸術』1972年10月 287号

未映画化シナリオ

やる人、見る人、聞く人——性の階級社会

脚本……沖島 勲

登場人物

山地耕平
山地マチ子
戸田弓子
小山田サカエ
小山田エリ
三井

橘
春子
タキ
カマ炊きの老人
ポチ
梅田
マスター

モンゴメリー王妃
ジミー大尉
クラーク
ジミーの父

○戸田商事（夜）

木造でもモルタルでも鉄筋でも良いが、それなりに使い古された、老舗の風格を持っている社屋。

社長室辺りに、電燈が点き——

副社長の山地耕平（42才）が、煙草をくゆらせながら、所在なげに…

それでも帳簿を引き出して、パラパラ目を通したりしている。

フト、耳を澄ます。

外で、車の停まる音。

○外の道

車から降りる女社長の、戸田弓子（47才）。

運転手がドアを閉める。

弓子、急ぎ足で、裏ロから入って行く。

○同・階段

ハイヒールにロングスカートの弓子の下半身が、急いで階段を昇って行く。

○社長室

（立ったまま）ひしと抱き合う弓子と耕平。

弓子「遅くなって、御免なさいネ。」

深々とキスをする、二人。

弓子「（喘ぎながら）ちょっとでも、会いたかったから…」

耕平「ウン。…」

スカートをたくし上げ、パンティをまさぐる。（一見して、高価で上等な衣装だ）

各々、適当に服を脱いで行く。

耕平、弓子の両手を机に支えさせ、ゆっくりとパンテイを剥いで行く。

その、真っ白な尻を暫くみつめているが、やがて背後から交わる。

弓子「(のけぞって)アアーッ!!…」

戸田家の女中頭・サカエ(52才)の声が重なる。

サカエのN「この方が、私がお使えするお嬢様…イエ、この会社の、女社長でございます。」

行為に及ぶ耕平の顔にWって――

サカエのN「この男が、山地耕平…この会社の副社長でございます。…今は副社長の身分でございますが、もともとの身分は、卑しいものでございます。」

段々と、半裸になって、行為を続ける二人。

弓子の喜悦の表情。

サカエのN「と申しますのも…もともと山地は先代社長の書生としてお仕えした、と云うか、拾われて来たような男なのでございます。」

× × ×

隣室の、ガランとした事務所――(薄暗い。)

カメラ、室内をパンして行く。

棚の上に、先代社長の写真等飾ってある。

サカエのN「この会社は先代社長が一代で築き上げた貿易商社でございますが、それほど規模は大きくありませんが、仲々堅実な商社でございます。何でも南米とのコーヒー豆から始まって、種々の鉄鉱石等にも手を染め、それがことごとく成功したようでございます。当時はこのような町中の商社と云うのは、そう多くはございませんでした。」

〃ア、アーッ!!〃

隣室から、弓子の絶叫が聞こえる。

サカエのN「三年程前に、先代社長が突然お亡くなりになりました。その後を、奥様の弓子様がお継ぎになったのですが、弓子様は本当のお嬢様育ちで、取り引きの事等ずぶの素人でございます。そこで、この山地耕平が副社長となり、実質的な社長となったのでございます。」

○**社長室**

弓子、首を曲げて、耕平とキスを交わす。

耕平「通産局との話は上手くいった？」

弓子「ええ、ええ…うまく行ったワ。」

体を入れ替えて、正面から、立ったまま交わる。

サカエのＮ「ところで、先代社長は全く仕事一本槍のお方で、女性に対する興味は、全く淡白なお方のようでした。奥様は今、初めて女としての喜びを噛み締めていらっしゃるのでございます。…」

絶頂に達する、弓子。

目から、涙がこぼれる。

サカエのＮ「私はどんな事があれ、お嬢様の幸せを願うばかりでございます。」

×　×　×

事が終わり、半裸の姿で、ソファにけだるそうに身を投げかけている、二人。

サカエのＮ「今日は日曜日なので、会社はお休みなのですが…奥様は、仕事上のお付き合いがあり、二人はこうして短い逢瀬を楽しんでいるのでございます。」

二人、又、抱擁を交わし合っている中に、欲情してくる。

弓子「(切なく、求めて）ねえ—…」

耕平「(外の運転手を示し）橘が、待ってるんだろぅ？」

弓子「だって…運転手なんか、待ってるのが仕事ですもの…」

耕平「そりゃ、そうだ。」

弓子、耕平の膝の上に跨って、激しく動き始める。

サカエのＮ「それにしても、運転手等というものは、哀れなものでございます。今、御主人様が何をしてらっしゃるかは、良く分かっている訳ですから…」

叫んでいる弓子。

○外の車の中

運転手の橘（62才）が目をつぶって、ジッと耐えている。

サカエのN「イエイエ…そんなことを言ったら、バチが当たります。こんな老いぼれが、未だこうして働かせて頂いているのですから…先代社長の頃から、ズッとこうして、お世話になっているのでございます。」

橘、気配を感じて、車の外に出る。

社屋から出てくる、満ち足りた表情の弓子と耕平。

弓子「それじゃ、又、明日。」

耕平「お気を付けて。」

弓子、媚を含んだ視線を耕平に送ると、車に乗り込む。

走り去る車。

見送る耕平。

○弓子の本宅

廊下を弓子が歩いて行く。

出迎える、サカエ。

サカエ「お帰りなさいませ。…お風呂の用意がしてございます。」

弓子「アア…」

そのまま、奥へズンズンと歩き去る。

サカエ、カメラへ向かって――

サカエ「私が先程から、お話申し上げている、小山田サカエと申します。ズッと長く、戸田家へお仕えしております。女中頭と云いますか、女執事のようなものでございます。」

×　×　×

弓子が衣服を脱ぎ捨て、
浴槽に浸る。

× × ×

サカエ、やはりカメラに向かって――

サカエ「ところで、山地耕平には、自分の帰る本宅があるのでございます。そこには、正式の奥さんが居られ…その奥様は、弓子お嬢様の、実の娘さんで…つまり、世に言う〝親子丼〟…又、そちらには、私の実の妹、エリがお仕えしているのでございます。」

○山地家（夜）

車のドアを、運転手の三井（41才）が開ける。
耕平が下りて来る。
〝お帰りなさいませ〟
妻のマチ子（29才）と女中頭の小山田エリ（50才）、他数人の女中が出迎える。
耕平、鞄を女中に預け、腕に取り縋るマチ子と共に、奥へ入って行く。
後を追う、エリ。

○同・廊下

エリが、カメラに向かって頭を下げる。

エリ「私が妹の、小山田エリでございます。私も、姉共々、この戸田家、イエ、今は山地耕平様のお屋敷でございますが、長くお仕えさせて頂いております。」

エリ、チラと後ろを振り返り、

エリ「（声をひそめて）お嬢様、イエ今はマチ子奥様ですが、一日中、旦那様のお帰りを、ウズウズしながらお待ちなのでございます。そりゃ、何と言っても、お若い身体ですから…ホッホッホッ…」

口に手を当てて、

エリ「そのお嬢様のお身体のうずきが、一日中、私共にも伝わって来るようでございます…

ホッホッホッ…」

○同・寝室

鏡台に向かっている、ネグリジェ姿のマチ子。ティーバックのお尻。色気と欲情が部屋にむせかえっている。

ベッドの上で、シャンパンを飲んでいる湯上り姿の、耕平。

やがて、マチ子が、ベッドの方にやって来て…耕平の膝の上に坐る。

オッパイを揉んでやり…パンティを脱がせ…ベッドへ寝かせる。

交わる、二人。

大きくよがり出す、マチ子。

○裏の路地

屋敷の表からは想像も出来ないような、暗くて陰鬱な通路。

エリ、やって来て――

エリ「ところで、ここには覗き窓があるんでございますよ。」

×　×　×

さらに陰うつな（暖房用の）かま口。

レンガで作られたかま口の前には、二人程の、浮浪者としか云いようのない様な男が、うずくまって石炭をくべている。その上部に、四角いガラスの覗き窓がある。

エリ、やって来る。

エリ「使用人達は、ここで、寝室の様子を覗き見ることが許されているのでございます。使用人達は、御主人様達のお楽しみの様子を見せて頂くことが、この世に生きている、唯一の慰めなのでございます。」

×　×　×

マジックミラーを通して見える、二人の痴

態。

エリのN「中のお二人が、この事を恥ずかしく思ったりすることは、一切ありません。イエ、きっと、下々の者に見せつけながら、快楽の度が、益々、高まるのだと思います。」

エリも、ソッとミラーを覗いて見る。

大胆な二人のポーズに、思わず興奮して来る。

エリのN「まァー、旦那様はまるで馬でございますよ。…先程あちらで、散々精力を搾り取られながら、この元気でございますから…」

〝ツーッ！〟…股間の辺りを押さえながらしゃがみ込む。

エクスタシーに達したのか…再び暗い通路を歩いて行き、控え室のような・台所のような部屋に入る。

○（裸電球一つの）控え室

エリ、部屋の中を、ウロウロ歩きながら、

エリのN「旦那様が今の地位を得られたのは、仕事が出来るのは当然ですが、こっちの精力が絶倫だった事が大きゅうございましょう。」

寝室の方から、洩れ聞こえるマチ子のよがり声。

一際大きくなったところで——

エリ、側にあったバケツを、蹴飛ばす。

エリ「…‼」

三井「どうしたい、バケツにあたったりして？」

バケツを手に持って、近づいてくる。

洩れ聞こえるうめき声に気付いて、

三井「あんただって、まだ慣れない時があるのかぃ？」

〝フン！〟と言った表情で側にあった椅子に腰かける。

三井、大鍋の蓋を勝手に開けて、焼き飯の

ような物を食い始める。
その顔を、エリ、ジロジロ見ながら、
エリのN「この運転手は、入ったばかりの頃、こんな事があったそうです。自分から言ってました。」

○羽田空港近くのホテルの一室（戦後スグの頃の雰囲気）

一室のドア――

エリのN「旦那様とマチ子お嬢様が、結婚されて間もない頃…旦那様が一月近く、仕事でアメリカへ行かれた事があります。」

マチ子がドアのノブに手をやり、ドアを開ける。

中に、開襟シャツ姿の耕平が立っており…

こちらを、振り向く。

マチ子「…あなたッ！…」

駆け寄って、ヒシと抱き合う。

深々と、キスを続ける二人。

エリのN「家へ帰るのが待てないのか…空港近くのホテルを予約してあったそうです。」

慌ただしく服を脱ぎ、ベッドへ潜り込む二人。

×　×　×

マチ子は、大声を上げ…延々と交わる二人。

○駐車場の待機中の車の中

三井が腕時計に目をやり…車の中から、外に出る。
エリのN「あまりの時間の長さに、三井はホテルの中へ入って行ったそうです。」

○ホテルの作業室（従業員控え室）

メイドの春子（21才）が、隣室の声に聞き耳を立てている。

そこへ、三井が断りもなく入って来る。

春子「(ビックリして) あんた、誰?」
三井「俺ァー、(隣室を示して) こっちの運転手だ。(時計を見せて) もぅ、五時間近く待ってるんだぜ。」
棚に置いてあった女の子のおやつを、口に放り込む。
その時——一際大きな叫び声。
春子「何時も、あんなに凄かとネ?」
三井「まあネ…おめぇ、どこの出身だ?」
春子「オラ、一週間前に、一人で熊本から出て来たとこたぃ。」
三井「そりゃ、さみしかろぅー。(春子の尻を捲り) オラ、久留米たぃ。同じ、九州の出身たぃ。」
春子のパンティを下ろし、後ろから交わる。
春子「同郷のよしみたぃ。」
三井「そうたイ。」
春子、喘いで
春子「よかト…よかト…」
昇りつめる。

× × ×

暫く後——
三井が、だらしなく椅子にのけぞって座っている。
外に居た春子が顔を出し——
春子「(不安な顔で) ちょっと、あんた…」
三井、衣服を整え、外に出る。

× × ×

同廊下——
ドアの下の隙間から、水がジワジワと出て来ている。
中から、怯えるようなマチ子の声。
春子「…怪物…」
三井「(自分の唇に指を当て) シーッ…」
二人、顔を見合わせる。

○元の、（山地家の）使用人室

三井が焼き飯をさらっているのを、エリが見ている。

エリ、煙草に火を点ける。

三井、食べ終わる。寝室のすすり泣く声が、まだ続いている。

三井「(口を拭って、その辺に腰掛け) あっちの、大奥様と、こっちの若奥様の方と、旦那さんが出来たのは、どっちが先だったんだろうね？」

エリ「さあネー…大奥様の方が先に出来て…それから、手元に置いて手放さない為に、娘をくっつけたのか…」

三井「(楊枝を使いながら) それにしても、お互いに知ってて、平気で居られるなんてのは、ちょっと信じられないなァー。」

エリ、ジロッと三井を睨んで、

エリ「お前…あんまり、余計な詮索をしない方が良いよ…身分をわきまえるんだ‼」

又、バケツを蹴飛ばす。

三井「(卑屈に) ヘイ！」

○戸田商事・事務所（翌日）

数人の男女事務員が、てきぱきと働いている。中央のデスクに、耕平。

外人相手の商談らしく、英語で快活に電話で話している。

サカエのN「姉の、サカエでございます。…本当に、どちらが先だったのか、分からないのでございますよ。…住み込みの耕平が、まだ女子大生の身であったマチ子お嬢さまと、自然に出来てしまったのか…それなら、恩義のある方の奥様を、どのように手ごめにしてしまったのか…あんなに大人しい奥様の事ですもの…暴力的な事を行った事も、充分考えられます。」

○白い紗の掛かった、イメージ。

畳の部屋で――

夏の和服姿の弓子に襲いかかる、耕平。

○元の事務所

耕平が受話器を、置く。

すると…すぐ又、電話が鳴る。

耕平「…ハイ、スグにうかがいます。」

受話器を、置く。

○社長室

帳簿を前にした弓子の背後から、覆い被さるようにして帳簿を覗いている、耕平。

然し、その手は弓子の膝を撫でさすっている。

やがて、弓子を立たせ、スカートの下に手を入れる。

弓子「アッ…」

大きな吐息を洩らして、耕平の手を抑え、

弓子「今夜は家へ来て！ネッ！」

二人、激しくキスをする。

○帰宅途中の空き地（夕暮れ）

周りは草むらに被われ、ポツンと車が停車している。

車の中で、激しく交わっている耕平と弓子。

サカエのN「お二人は、家へ着く迄も待ちきれず…お始めになったようでございます。」

カメラは、車から少し離れた場所で、ポツンと坐っている橘を捉える。

カンコーヒーを飲んでいる。

×　×　×

絶頂に達する、弓子。

×　×　×

気配を感じ、カンを握り締める、橘。

サカエのN「ホッホッホッ…こんな、ボロ雑巾のような男にも、まだ何か、感じるものがあるのでございましょうかねぇー…」

○戸田家・居間（全体に薄暗い）

湯上りの二人が、ガウンを羽織って、ワインを飲んでいる。

ツマミを出したり、ちょこちょこと世話をしている、サカエ。

やがて、耕平は、弓子の体を抱きかかえて、厚いカーテンで仕切られた寝室の方へ行く。チラと見送る、サカエ。

カーテン越しに、甘い嬌声と…やがてよがり声が聞こえて来る。

サカエ、テーブルの上を片付けながら、

サカエのN「弓子お嬢様は、五十も間近という年齢になって、初めて女の喜びに目覚めたのですから、それに溺れるのも、当然でございます。」

室内の電気を消し、暗い廊下に出る。

○廊下

サカエ、やって来て——

サカエのN「私は、今のようにお嬢様が、耕平様の意のままになる前の、二人のかりそめの頃を想像するのでございます。」

サカエの妄想で——

ベッドに横たわる、二人。

サカエのN「お嬢様は耕平にとって、恩義ある方の、尊い未亡人であり…又、社長と言う、当時の耕平にとっては、雲の上の存在でございましょう。…それが、男と女という関係だけで…」

サカエの妄想——

耕平「(囁いて）社長…」

弓子「(恥ずかしそうに股を開き）アッ…」

サカエのN「…足を開き…そこを、自由にし…」
弓子「耕平さん…何でも、自由にして…」
耕平「そんな、勿体無い…」
と云い乍ら…図々しく、オッパイをしゃぶる。
弓子「(のけぞって)アッ……!」

× × ×

廊下のサカエ、突然立ち止まり――
サカエ「(思わず関西弁で)そら、ごっつ、よろしおまっしゃろ!!」
我に返り、元の表情で――
サカエ「失礼致しました。(再び妄想に捕らわれ)そうして男は、女の悶える姿を、冷たく見下ろしているのでございます。」
サカエの妄想――
弓子の悶える姿を、背後から冷静に観察している耕平。

× × ×

廊下のサカエ――
サカエ「クーッ!!」
思わず股間を押さえ、身を屈める。
然し、再び平然と顔を上げ、
サカエ「失礼致しました。」
だが、目からは一粒の涙が流れ――ハンカチでそれをぬぐって、
サカエのN「ところで、妹の方では、ちょっとした事件があったようでございます。」

○エリのUP

刺繍かなんかしている。
顔を上げて――
エリのN「運転手の三井がちょっとした事件を起こしたようでございます。まァ、未だ若いですし…下郎には、下郎の楽しみがあるようで…」

○下町の狭い路地（午後）

木造2階建てのボロ屋が軒を連ねている。

一軒の家の前に三井が立ち、

家を見上げている。

タキの声「まァ、まァ、弘《こう》さん！」

振り返ると、浴衣姿、銭湯帰りのタキが

立っている。

三井「風呂かィ？」

タキ「ええ、もう、内風呂が駄目になってし

まって。」

鍵を開けながら、

タキ「こんなに早く来て下さるなんて、思って

なかったもんですから…」

三井「ウン…ちょっと時間が空いたもんで

ナ。」

タキ「サアサア、どうぞ…」

二人、中へ入る。

○同・土間

三井「（2階を示して）ウン？」

タキ「（頷いて）ええ、どうせ昼間っから寝て

るんですよ。今、スグに外へ行かせますから

…」

階段を登りながら、

タキ「全く、何の役にも立ちゃしなィ！」

やがて、2階から、タキの怒鳴る声が聞こ

える。

タキの声「サア、起きた、起きた！何、ボヤボ

ヤしてんだィ！早く、ズボンを穿いて！…何

処へでも、お行き！…全く、ロクデナシなん

だから！暫く帰って来るんじゃないよ！」

タキの夫・梅田（48才）が、階段をヨロヨ

ロと降りて来る。

三井の方をチラッと見るが、下駄を履いて

表へ出て行く。

タキ、続いて階段を降りて来て、ドアに鍵

を掛けると、
三井の腕を取り、
タキ「サア、どうぞ…」

○同・二階

シーツを取り換えた布団が敷いてある。

三井、衣服を脱ぎながら、
三井「あいつは、どうなんだい、こっちの方は？　役に立つのかい？」

タキ、襦袢に着換えて——

タキ「とんでもない、あんなアル中野郎に、そんな元気があるもんですか…もぅ、スッカリ、こんな事忘れてしまってますよ。」

タキ、布団に入り、股を拡げて、
タキ「ねえー、だから、本気で喜ばして下さいよ…うんと、気を入れて。」

三井「分ったよ。思いっ切り、泣かしてやるよ。」

のしかかって行く。

○さびれた飲み屋街

梅田が或る店に、フラフラと入って行く。

○飲み屋店内（暫く後）

物凄く暗い——
梅田が、既に数本の銚子を並べて、酔い潰れている。
カウンターのマスター、ジロッとそちらを見て、
マスター「（皿を拭き乍ら）おめえ、今こうしている中にも、家じゃかみさんが、ヒイヒイ言って喜んでるんだぜ…何ともねぇのか…情けねぇ野郎ダ。」
梅田、ガバと身を起こし、
梅田「うるせぇー！　俺がこのまま、引き下がると思ってるのか！…俺はナー、今は社長面

してやがる山地耕平なんかよりも、先に出世する筈だったんだ！…それがよー…」
マスター「(薄笑いを浮かべて）それが、どうしたんだィ？」
梅田「俺は、あの野郎程、悪党になれなかっただけなんダ。」
マスター「そうか、そうか…あんたは善い人だからナ…今時珍しい、善人だからな。」
梅田「(目を光らせて）だがなー…俺はもう、決心したんだ…」
ジャンパーの懐から、書類の入った封筒を取り出し、
梅田「フン、これであいつの運命はおしまいだ…洗いざらいぶちまけてやる！」
マスター、気色ばんだ表情で、手を止める。
梅田「ここにはナー…脱税の証拠が、全部揃っているんダ！　今に見ていろ、明日になったら、全部ぶちまけてやる。」

梅田、そう叫ぶと、再び酔い潰れてうつ伏せになる。

×　×　×

一瞬——絶頂に達するタキの顔。

×　×　×

梅田「クソーッ!!」
顔を上げて叫ぶと、再びガックリ、うつ伏せる。
マスター（スパイ）、店の隅に居た二人の黒々とした男達に目配せする。
男達、頷いて、ソッと立ち上がり、梅田の方へ近付いて行く。

○タキの家

布団の中——
タキ、股を拭いている。
三井、ズボンのポケットから金を取り出し、
三井「オイ…これ…」

タキ、拝むようにして金を受け取り、三井の胸にすがって、

タキ「ねぇー…あたいは、あんな梅田のような奴、いつ捨てても構いやしないんだから…もっと、来ておくれよ。」

三井「分かったよ。…又、近い中に、必ず来るよ。」

ふざけて…タキの股間に手を入れる。

○サカエの処

サカエがエリに電話している。

サカエ「もしもし、エリかぃ?…お前んとこの三井が、何か事件を起こしたそうじゃないか?…ウン、ウン…キチンとケリを付けなきゃ駄目だよ…いいね、分かったね。…余程、気を付けるんだ。分かったね。それじゃ…」

○エリの控え室

三井がエリに、油を搾られている。

三井「(弁解して)店をやっている沢井って奴は、うちのスパイですから…スグに手下を使って梅田を処理させました。」

エリ「(厳しい目付きで)処理って、どう処理したんだィ?」

三井、顔を上げて、不満気に——

三井「そりゃ、地下へ流しましたよ…梅田って男は、もぅ、この世には居やしませんよ。」

エリ「フン…それなら良いけど…(思い出して)アア、それから梅田の女房だったタキって女は、どうした?こういうのを、処理を誤ると、大変な事になるんダ!」

三井「(バツが悪そうに)ヘイ。こっちの方は、しっかり口封じをして…今は、小さな飲み屋で働かせています。」

エリ「(睨んで)大丈夫だろぅね。」

頷く、三井。
エリ「大体、お前は、今頃、気がゆるんでるんダ…（強く）奴隷だって言う身分を、忘れるんじゃないよ！」
三井「ヘイ！」

×　×　×

しょんぼりしていた三井が、口を開く。
三井「アノー、エリ様…話は変わるんですが…」
エリ「（硬い表情のまま）何だィ…」
三井「…我々にとって、お仕えしている奥様、マチ子奥様は…貴い、女神（じょしん）のような方ですよね。」
エリ「…勿論、そうだよ。」
三井「実は、先日、奥様の部屋の前を通りかかったら、ドアがちょっとだけ、開いてたのでございます。」
エリ「…」

○三井の回想（明るい昼間）

三井がドアの前を通りかかる。
ドアが少し開いているので…ソッと中の様子を窺う。
薄いロングのガウンを羽織ったマチ子が、電話のプッシュボタンを押している。
三井のN「奥様はお母さまの、弓子さまに電話されているようでございました。」
マチ子の気品に満ちた顔――
相手が出たらしく、何やら第一声を発する。
マチ子「…（ノンモン）」

×　×　×

元の控え室――
エリ「…（うながして）どうしたんだね？」
三井、若干ちゅうちょしているが、

×　×　×

先程の、再現――
マチ子の、第一声。

マチ子「アッ、お母《か》ーア？」
慌てて、ドアを閉める三井。

× × ×

元の控え室——

暫くの、沈黙。

三井「…あのような品の良い奥さまが…まさか、自分のお母様に対して…」

エリ「(さえぎって) 名古屋 (ナゴヤ弁のアクセントで) の在だがね…戸田家は…」

三井「ナ、ゴ、ヤ…？」

暫くの、沈黙。

三井「それにしても…」

自分で、再現してみせて——

三井「アッ…おかァーアッ？」

エリ…バッタリと床に両手をつき、ずっこける。

数歩這った後…

立ち上がり、元の位置に戻り、
エリ「(元の表情に戻って) いい加減におし！」

三井「…！」

その時、電話が鳴り——

エリが受話器を取る。

エリ「オオ、クラーク！ (国際電話。以下、流暢な英語で喋る) 久し振りね、元気？ウン、ウン…それは、良かったわね…それじゃ、今日は王妃を乗せて、愛人のジミー大尉の山荘かい？」

小型のテレビのスイッチを入れる。

白黒の不鮮明な画像だが、ジミー家の山荘の一室で、クラークがくつろいだ様子で電話しているのが見える。

(側に、ジミーの父親の老いた姿が見える)

クラーク「そうなんだよ。何しろ、大尉は外地の演習から三ヶ月振りに帰ったとこでね…元々、騎兵隊なんだけど、本人が馬だよ。ちょっと、見てみるかい？」

側のテレビのスイッチを入れる。
これ又、不鮮明な画像だが——白人の女性と男性が、くんずほぐれずし乍ら、吠えまくっている。
エリ「何だか、よく分からないけど…凄い迫力ね…まるで、ストーム（嵐）だ。」
クラーク「そうだろぅ？　嵐が、もぅ、五時間も続いているんダ。」
エリ「仕方が無いよ。我々とは階級が違うんだから…」
○益々荒れまくる、画像の男女——
再び、クラーク達を捉えて、
クラーク「そうだね…まァ、我慢すれば、俺にはゴージャスなチップが手に入るんだから…それに、ジミー大尉の親父さんだって、こうして逢引の場所を提供して…後のベッドメークとシャワールームの掃除が大変だけど、良い実入りになるんだ。」
エリ「それは結構じゃないの。」
クラーク「まァ、俺は、大尉の親父さんとは結構仲良くしてて…」
ヘラヘラ笑っている、親父さん。
クラーク「こうして、カードをやりながら、チビチビ、ウィスキーをやってるのさ。」
エリ「お酒には、充分気を付けてね。帰りの道中が長いんだから。」
クラーク「大丈夫…オッ、シャワーの音が聞こえる。やっと終わりそうだ。それじゃ、又…」
×　×　×
電話が切れて、元の場所——
エリ「ミツイによろしくってサ。…然し、一国の王妃が、こんなに堂々と浮気してて良いもんかネ。」
三井「階級差が激しい国だから…何でも有りなんでしょう。」
ボソッと、つぶやく。

○暗い廊下
エリと三井がやって来る。
三井「今夜から、カマ炊きで働かせて貰っている子を、紹介します。私の甥っ子に当たるんですが…」

○かま口
老人と男の子が、石炭をくべている。

エリと三井がやって来る。

男の子は、キラキラした少年のような目をしているが、年令は不詳だ。びっこを引いている。

三井「ぽちと云います。(足を示し)この前の、震災でやられまして…」

ポチ「…(目を伏せる)」

エリ「しっかり、働くんだよ!」

黙って頷く、ポチ。

× × ×

ポチが目を丸くして、例の覗き窓から中を覗いている。
○様々に演じられる——
耕平とマチ子の痴態。

× × ×

少し離れた場所で——
エリ「少し刺激が強過ぎるんじゃないかイ?(苦笑して)まぁ、初めての事だから、仕方が無いけど…」
その時、寝室から上がる、物凄い声。
三井「それにしても…今夜は、凄いようだ。」
エリ「仕方が無いのサ…旦那様は、明日は向こうの本宅泊まりだから、どうしてもね…」
その時…ポチが、パニック状態に陥ったように…覗き窓の方を指差して、何やら、叫び出す。
エリ「(怪訝な表情で、三井に)何、言ってるんだイ!?」

三井も首を傾げながら――

ポチの方へ近付いて行く。

覗き窓から、妙な色の光線が放出されているように見える。

ポチ、窓の方を指さして――

ポチ「人《ひと》、じゃ、ない…か、怪物だ…！」

三井、〝シーッ…〟と、指を口に当てて、窓の方へ近付いて行く。

心配気な、エリの表情――

その時――浴室の方から、〝ワオーッ!!〟というような、只ならぬ雄たけびの様な声が聞こえる。

三井とエリ…廊下を曲がって、夫妻の部屋の外に駆けつけ、二人、顔を見合わせる。

部屋のドアの下から…〝バシャ、バシャ〟と云った感じで、お湯らしきものが溢れ出している。

エリの、驚愕の顔に――

エリのN「――今夜、お嬢様のあそこは、物凄い、お喜びのようでございます。」

○かまロ（深夜）

老人が、こっくりこっくり、居眠りをしている。

ポチは、寒そうにうずくまっている。

老人、ハッと目を覚まし…ポチに、石炭をくべるようにに指示する。

ポチ…言われたように石炭を放り込む。

老人「いいかい。今夜は特別に冷えるから、夜通し、コークスを燃やし続けるんダ。…少しでも冷えると、朝になって、大変な罰を受けるからナ…分かったな。」

ポチ「…（頷く）」

老人「ウン。…」

と言うと、又、居眠りを続ける。

ポチ、熱心に石炭を放り込む。

炉の中で、赤々と燃える石炭。
ポチ、ドンドンと石炭を放り込む。
カッカッと、燃え盛る、石炭。
額の汗を拭い…
壁にぶら下がっている古い（壊れた）温度計を手にする。
ポチ「…？（全然温度が上がっていない）」
ポチ…箱の中の殆んどの石炭を、かまの中へ放り込む。
燃え盛る、石炭。
やがて…例の鏡から、赤い光が放出したと思うと、
〝ギャーッ!!〟と云う叫び声が、寝室の中から、聞こえる。

× × ×

〝バーン！〟と、寝室のドアが開く。
汗みずくのマチ子が、ネグリジェの上だけを羽織って立っている。
背後の部屋の中は、真っ赤だ。
駆け付けたエリが、ハッと顔を上げる。
マチ子「（青筋を立てて）私達を、蒸し焼きにする積りかィ。」
エリ「（土下座して）すみません、すみません…今夜は、新米を当番に当たらせたものですから。」
マチ子「（ギロッと睨んで）どうすればいいか、分かっているだろうネ。」
エリ「ハイ、勿論でございます、奥様！」

× × ×

かまロの処――
老人がポチを、ちょうちゃくしている。

○山地家・門前（翌朝）

耕平が、車に乗り込む。
三井、うやうやしくドアを閉めて、運転席へ乗り込む。

マチ子「行ってらっしゃいませ。」
　頭を下げる。

○中の廊下

　マチ子、エリと出会い頭に――
マチ子「(厳しい表情で) 昨夜の子は、ちゃんと処罰するんだよ。分かってるね。決まりだからね。」
エリ「(平身低頭して) ハイ、奥様。」

○寝室

　マチ子が入って来て、
アクビをすると…ベッドに身を投げ出し、眠ってしまう。

○控え室

　老人とポチが、貧しい食事をしている。
　エリが入って来る。
　ハッと、顔を上げる老人。
　エリが、老人を手招きする。
　老人、エリの所へやって来る。
　エリが、老人に耳打ちする。
老人「…!!」
　暫く動けない、老人。
　やがて、ゆっくりポチの所へ行き、肩を抱くようにして連れ去る。
　見送る、エリ。

× × ×

　暫く後――
　三井が帰って来て、帽子を壁にかけ、誰も居ないので、ちょっと不審な顔。
　エリが、入って来る。
三井「ポチは?」
　エリ、暫く答えないが、やがて――
エリ「お前、足を折った馬が、どうなるか分かってるだろぅ。」

三井「(ゾッとした表情で)地下へ、送ったのか⁉」
ボロボロと、涙が出る。
エリ「お前…自分が、奴隷の身分だって事、忘れるんじゃないよ!」
三井、マチ子の部屋のドアを、グッと睨む。

× × ×

電話が鳴る。

エリ、受話器を取る。

エリ「モシモシ…(国際電話なので、以下英語で――)ハロー…何だって⁉王妃が死んだ⁉大尉も、運転手のクラークも、車の事故だって⁉」

○メチャクチャに大破した、車のスチール写真。

× × ×

受話器を放り出して…エリが、ヘナヘナと床にくずおれる。

三井「…‼」
エリ「二人共、死んだよ…やりに行く、途中だった、そうだ…」

○事故写真に――
物凄い、轟音が被さる。

○月が出ている

○運転している橘

後部座席には、耕平と弓子。

サカエのN「姉のサカエでございます。…その夜は、社長と副社長は、役所連中の接待の宴会がおありになり…どう云う訳か奥様は、宴会の後はとても欲情なさるようで、とてもお家迄は、もたないそうでございます。これは、運転手の橘の話でございますけど…ホ、ホ、ホ…」

橘、バックミラーをチラと見る。

ピッタリと抱き合い、
キスを続ける、耕平と弓子。

弓子「ねぇー…」

橘、耕平、橘の方を見やる。

橘、首肯く。

サカエのN「そこは運転手の橘も心得ておりまして…スピードも、道の選び方も、色々、趣向をこらすようでございます。」

耕平の手が、スカートの下へ潜り込み…弓子は、大きく喘ぐ。

弓子、耳元で囁いて――

弓子「もう我慢出来ないわ…」

耕平「(橘へ) 車を、海岸添いの道へやってくれ。」

橘「ハイ。」

耕平、弓子のパンティを脱がせる。

○海岸添いの道を走る、車――

○同・車内

弓子が耕平に股がり、激しく腰を振っている。
バックミラーにもそれが映り…車内に弓子の声が、充満する。
耕平も、耐えられなくなり、
耕平「…どっか、停まれる所があったら、停まってくれ。…」
橘「ヘイ。…」
車…空地に停車する。
二人は、体を入れ替えて…
大きく開いた弓子に…耕平が乗しかかって行く。
弓子「ア、ア、アーッ!!」
その時――橘のケイタイ電話が鳴る。
橘、ソッと車から脱け出し、
橘「もし、もし…」
車の後部…かなり離れた場所迄移動し…

しゃがみ込んで、
橘「(目をむいて) 何ッ!?…モンゴメリー王妃が事故で死んだ!?…」
ジッと聞き入っている、橘。
× × ×
ケイタイをしまい…ゆっくりと立ち上がる。
車の後部ガラスには——
(後ろから責められているらしい) 弓子が、両手を拡げて、へばりついている。
目の輝きを取り戻している、橘…
ゆっくりと、車の方へ、近付いて行く。

○雑草が生えた、空き地。(夜)

サカエのN「この空き地が、昔、戸田商事の建物があった場所でございます。…今では、雑草だらけで、何の面影もありません。…カラクリというのは、一旦バレてしまうと、あっけないものでございます。…今では、私達が、どうしてあのお家や、会社や、主人と云われている人々を…ああも恐れ、隷属し、支配されていたのか…その理由が良く分からない有様です。…何か、私達の目を覆ってしまう、仕掛けのようなものでもあったのでしょうか。…」

草地に霧が立ち込め——暗くなる。

カメラがパンすると——

数個の生首が、さらし台の上に並んでいるのが見える。血がポタポタと滴っている。

(カメラは、側面から、後ろを通って、移動)

一番手前の首が耕平のものである事は、ハッキリと分る。

その次が、弓子のもの…その姿がマチ子のものらしい事が、何となく分る。

× × ×

カメラは、霧を捉え、更に上空へとパンし

て行く。

上空から聞こえる、サカエの声。

サカエのN「一体、誰がこんな事をしたのでしょう？
ホッホッホ、ホッホッホッホ…」

風の音が、加わる。

サカエのN「このお話は、一体、何時の時代の事なのでしょう…
分りません…私自身は、その後どうなったのでしょう…
サア、どうでしょう？」

サカエの狂った笑い声が、天に響く。

ゴーゴーという風の音に混じって、サカエの、（女学校時代にでも憶えたのか）『ローレライ』の歌声が流れる。

〃なじかは知らねど、心わびて、
昔の伝説（つたえ）は、そぞろ身にしむ〃

サカエの、狂った笑い。

〃寂しく暮れゆく、ラインの流れ〃

風の音で、歌がひきちぎれ、
素頓狂なサカエの声で――

〃入日《いりひ》に山々、あかく栄《は》ゆる…〃

風の轟音と、単純な伴奏音楽が、後に続き
…

（終）

※『ローレライ』
作詞　近藤朔風
作曲　ジンヘル

未映画化シナリオ…………。

月光 準備稿

脚本……沖島 勲

登場人物……………………………………………………………………………………。

郷田秀一（46歳）
星山助教授（59歳）
〃（45歳）
坂田早苗（32歳）
郷田涼子（38歳）
郷田洋平（12歳）
郷田拓也（10歳）
富山健蔵（72歳）
富山道子（66歳）
山崎
内山
宮川
多々良

高橋
神部
柳井
小熊
佐藤教授
医学部長
細川
レントゲン技師
ペアの看護婦
審判
吉川
看護婦1
看護婦2

看護婦3
看護婦A
文江（34歳）
叔父さん（62歳）
男1
〃2
〃3
〃4
竹口（61歳）
保治（35歳）
近所の男1
近所の男2
男衆A

女衆1
女衆2
男A
〃B
〃C
〃D
ヘルメットの学生
甲雲大学学生
男の助手
助手A
〃B
学生1
学生2

克二（19歳）
敬子（20歳）
啓太郎
父
母
村人
百姓夫婦
縁者A
縁者B
縁者C

隊員1
隊員2

この〝準備稿〟は、まだまだ取材が不徹底な段階で書かれておりますので、今後、調査・研究を加え、正確な稿を期する積もりですので御了承下さい。

＊作者によって『月光』準備稿の表紙に書かれた断り書き

○黒地に白抜きスーパー

メインタイトル、〝月光〟

続いて、クレジットタイトル。

○城南大学医学部神経科・助教授室内部

白衣の星山助教授（59歳）が、テーブルを背にして、カメラの方に向かって喋る。

星山「〝一身にして二世を経るが如く、一人にして両身あるが如し〟と書いたのは、福沢諭吉ですが……この男・郷田秀一こそ、その様な人生を送った者である事が、最近、ようやく明らかになりました。……郷田秀一は、我々城南大学病院で最も実力のある脳外科医であり、脳外科助教授……そして、私の友人でもありました。」

○テニスコート

残暑厳しい八月末。

郷田（46歳）をはじめ、外科医数人と看護婦数人が、テニスに興じている。

ダブルスの試合。

郷田が前に出て、ボレーを決める。

〝ナイス・ショット！〟の声

郷田「マッチポイントだ。一発できめようぜ。」

ペアの看護婦「ハイ！」

サーブが打たれ、結構、長くて激しいラリーが続く。

最後、郷田の強烈なスマッシュで、勝負が

決まる。
審判「ゲーム・セット」
相手側の医局員・吉川が、ラケットを放り上げて口惜しがる。
両ペア、ネット越しに握手。
吉川「アーア、郷田先生には、テニスでも勝てないのか。」
郷田「根性だよ。」
吉川「イーヤ、体力ですよ。」
郷田「三十過ぎたばかりで、何を言うか。」
全員、コートを出て、更衣室の方へ向かう。
郷田「それじゃ俺は、ここで失敬する。このまま、プールへ行くから……」
看護婦1「えッ、これから、まだ、プールへ行かれるんですか？」
郷田「今迄のは遊び、これからは、外科医としてのノルマ……外科医は、何と言っても体力重視だからな……」

吉川「適わねぇなあー、先生には……僕達、シャワー浴びて、ビールでも飲んで帰りますよ。」
郷田「ワッハッハ……」
郷田、車へ乗り込む。

○都心の道

渋滞気味の道路を、テニス着のまま運転している秀一。
夏の午後の光を浴びて、まばらな人影が歩道に見える。
クーラーを強くする秀一。
額に、油汗のようなものを浮かべている。
神経質そうな表情。
クーラーが不快なのか、再び弱くする秀一。
今度は、風の出る方位を、カチャカチャと動かす。
ジッと、前方を見詰めている秀一。

○室内プール

秀一が、水しぶきを上げて飛び込む。

○室内プール

秀一が、水しぶきを上げて飛び込む。

クロールで、軽く泳ぎ始める秀一。

ターンして、更に泳ぎ続ける。

何千メートルかを、大きなストロークで黙々と泳ぎ続ける秀一。

やがて、ノルマの距離を終えて、プールサイドへ上がる。

すると、ワンピースの水着姿の坂田早苗（32歳）が、にこやかに笑いながら立っている。

二人、壁際に寄って――

秀一「もう泳いだの？」
早苗「さっき、少し……」
秀一「そう……」
早苗「（媚を含んだ目で）今日は、お見えにならないかと思ったわ。」
秀一「（タオルでゴシゴシやりながら）山荘へ行かなかったんだよ……休暇が、短くなってしまったもんでね……ヘン、散々、こき使ってくれるよ。」
早苗「お体の方が、心配ですわ。」
秀一「泳ぐの、もう、いいの？」
早苗「ええ。」
秀一「うん。」

○大きな都心のホテル

秀一の車が、ホテルへ吸い込まれて行く。

○ダブルの部屋

早苗が数度、痙攣を起こすようにして、頂点へ登りつめて行く。

×　　×　　×

事後の、グッタリした、心地良い空気が二人の間に流れる。
やがて早苗が身を起こし、秀一にソッとキスすると、トイレに入る。

× × ×

ビデを使う早苗。

× × ×

トイレから出て来ると、再びベッドへ身を横たえる早苗。

早苗「家の旦那さん、郷田助教授の、教授昇進祝いは、何にしようかって、今から悩んでいたわよ。」
秀一「（苦笑して）まだまだ早いよ……俺が次期教授って、決まった訳じゃないし……」
早苗「でも、まず間違いないんでしょ。」
秀一「色んな人間が居るからなぁー、選考委員の中には……」
早苗「家の主人は、あなたは、自分の息子を助けてくれた命の恩人だから……神様だし、ファンだから……」
秀一「その奥さんと、こうしているか……？」
二人、顔を見合せて、〝フッフ……〟と、笑う。

○郷田の家（夕方）

瀟洒な二階建ての家。
秀一の車が帰って来る。

○同・車庫

秀一が車を入れていると、玄関から妻の涼子（38歳）が出て来る。
涼子「お帰りなさい。」
秀一「ただ今。」
涼子「さっき、洋平と拓也が、ロンドン空港から電話して来たんですよ。」
秀一「ホゥー……」

涼子「明日、成田に着くんですって。」
二人、家の中へ入って行く。

○同・リビングルーム

秀一がシャツやズボンを脱ぎながら、
秀一「それで?……洋平と拓也は、何時に着くんだ?」
涼子「えーと……(メモを見て)11時20分着です。」
秀一「そうか……俺は明日、オペがある。お前、迎えに行ってやってくれるか?」
涼子「ハイ、分りました。」
秀一、シャワールームへ入ろうとする。
涼子「明日の夜は、父のところで晩御飯に呼ばれているんですけど、それには出られますか。」
秀一「大丈夫だ。」
浴室へ入る秀一。

涼子、ニッコリ微笑む。

○同・寝室(夜)

ベッドへ既に入っている秀一。
真っ白い夜着を着た涼子が、ベッドへ入る。
秀一、待ち兼ねたように、涼子の夜着を脱がせてやる。
白いパンティ一枚になった涼子の豊満な上体を愛撫してやる秀一。
やがて、パンティを脱がせると、スタンドの電気を消し、股間へ唇をやる。
大きく喘ぐ涼子。
更に、秀一、涼子に体を重ねる。
涼子「ア、ア……あなた、あなた!……」
薄闇の中で、激しく反応する涼子。

× × ×

暫く後——
満足した涼子が、全裸でうつ伏せになって

寝ている。

秀一がパンツを履いて、ゆっくり起き上がる。

ベッドから下りて、ソッと、ダイニングの方へ行く。

○ダイニングルーム

電気をつけないまま、秀一が、冷蔵庫から氷を出し、アイスコーヒーを作る。

スティックで掻き混ぜると、グラスを持って、窓際の椅子に深々と座る。

何やら沈鬱な表情で考え込んでいる秀一。

その横顔を、月光が照らしている。

その事にハッと気付いて、庭の方に目をやる秀一。

×　×　×

庭の芝が、白く光るように、燦々と、月光を浴びている。

○城南大学病院・内部

ストレッチャーに積まれた患者が、手術室へ入って行く。

○同・更衣室

手を洗っている手術衣の秀一。

看護婦が、手袋をはめ、マスクをつけてやる。

秀一、更衣室を出て行く。

○同・手術室

無影燈の下の手術台に、麻酔をかけられ、頭髪を剃られた中年の患者が、昏々と眠っている。

やがて、患部を除いて、全身に覆いが被せられる。

秀一、スタッフ全員が配置に着いたのを確認して、秀一「始めよう。」

× × ×

開頭作業。

ドリルで頭部四箇所に穴を開け、糸鋸で頭蓋骨を切って行く。

全員の手が、忙しく動く。

秀一が、〝汗！……汗！〟と、頻繁に指示する。

何時もより、汗の出方が異常に多いようだ。

助手や看護婦の目が、秀一に向かってキラッと光る。

秀一「今、室内温度は？」

看護婦A「二十二度丁度です。」

秀一「うむ。」

作業に取り掛かる秀一。

× × ×

顕微鏡で覗きながら、細かい血管をより分けて行く秀一。

その手が、微妙に震えている。

その震えが、モニターテレビに拡大されて写っている。

一瞬、手を止めて、深く息を吸い込む秀一。

目を開けて、再び作業を続ける。

× × ×

患部の腫瘍が露呈している。

それを、ボンヤリと凝視している秀一。

助手1「（促して）先生……」

秀一「（ギクッとして）アッ……メス！」

看護婦がメスを差し出す。

一瞬遅れて、それを受け取る秀一。

暫く、患部を凝視しているが、思い切って、メスを患部に入れる。

× × ×

教時間後——

頭の縫合が終る。

秀一、汗まみれで、

秀一「手術終了！」

　スタッフの間に、ホッとした空気が流れる。

　手術台から患者をストレッチャーに移し、回復室へ運んで行くスタッフ。

　まだ、呆然と突っ立っている秀一、フッと我に返って、そそくさと手術室を出て行く。

○同・手術室（更に暫く後）

　看護婦数人が、手術室の清掃をやっている。

看護婦1「ねぇー……今日の郷田先生、ちょっと変じゃなかった?」

看護婦2「（振り返って）変だった。」

看護婦1「そうでしょう。」

看護婦2「何だか、全体にボーッとしてた。」

看護婦3「手が少し、震えてた。」

看護婦2「メスの入れ方も、一瞬、遅れてた。」

　再び清掃に戻りながら、

看護婦1「郷田先生にしちゃ、それ程、難しいオペでもないよねー。」

看護婦3「血圧でも高いのかなぁー……」

看護婦2「教授選の事が、気になってるんじゃない?」

　看護婦1、手を止めて、

看護婦1「教授選か……（暫く考えて）成程。……」

　再び作業を続ける。

○助教授室

　ワイシャツ姿に着替えた秀一が、ソファから身を乗り出す様にして、外を呆然と眺めている。

　気を取り直して、煙草を取り出し、一本火を点ける。

　苛々とした表情が顔に浮かぶ。

　煙草を持った手が震えている。

秀一、イライラと煙草を揉み消すと、上着を羽織り、思い切ったように部屋を出て行く。

○**病院廊下**

混雑する廊下を、緊張した面持ちで、秀一が歩いて行く。

○**大学医学部への中庭**

秀一が、医学部の校舎へ向かって、庭を横切って行く。

○**医学部廊下**

薄暗い廊下をやって来て、秀一、〝精神神経科・研究室〟のドアをノックする。

○**同・内部**

精神科講師・星山（45歳）が、ゆっくりと振り返る。

蒼白な表情をした秀一が、物も言わずに突っ立っているのを認める。

星山「こりゃー珍しい。まあ、座れよ。」

と椅子を勧める。

秀一「実は、……ちょっと様子がおかしいんだ。」

星山「どうしたんだ、君のような頑健な奴が……体調でも崩したのか？」

秀一、椅子に座りながら、

秀一「（真剣な表情）星山……幼稚な質問だったら、申し訳ないんだが、無意識という奴が、ドンドン、ドンドン意識下に蓄積されて、それが、どんなにしても意識でコントロール出来ず、暴発してしまうという事があるか？」

星山「そりゃ、あるさ……激しい恋なんてのも、そんなものだし……もっと極端になれば、強姦なんていう行為に走る事もある。もっとも、これは、性的コンプレックスの場合だが……」
秀一、ジッと考え込んでいるが、
秀一「その場合、どんなに意識が頑張っても、どうしても無意識にやられてしまうという事があるか？」
星山「初論ある。」
星山、少々、呆気にとられて、
星山「然し、一体どうしたと言うんだ？……それは、君自身の事に関する質問か？」
秀一「……（否定しない）」
星山「君なら大丈夫だよ。そんなに簡単に崩壊する様な意識の持ち主じゃないよ、君の場合。」
秀一「（暫く考えた、後）意識……イヤ、その上にある意志といったものが、何やら、うまく働かなくなっている様な気がする……意志の働きが曖昧なんだ……それで、時々、ボーッとしている……（顔を上げて）又、この意志の曖昧さを見つめている自分という奴が……こいつは、何なんだ⁉」
星山「自意識の反省作用だよ（＊作者による書き込み「内省（作用）、軽いうつの様だから弱い安定剤」）然し、そう理詰めに考える事はない。ちょっと疲れている様だから、安定剤（＊作者による書き込み「トランキライザー」）を処方しとこう。……君を、外来に回す訳にはいかんからなぁー。」
笑いながら、電話のダイヤルを回す。
秀一「すまん。……」
星山「中山君、ちょっと部屋へ来てくれ。」
ものの一分足らずで、医局秘書（女性）（＊作者による書き込み「薬局へ届けておいてくれ。」）の中山が顔を出す。
星山、メモ用紙に素早く薬品名を書いて、
星山「これ、君自身で処方して、急いで、ここに持って来てくれんか。」
中山「(用紙をチラと見て) 分かりました。」
星山「君の奥さんの名前にしといた。(立ち上がり) 涼子さん、元気か?」
秀一「ああ……」
星山、窓の外を眺める。

○涼子の実家・富山家食堂

城南大名誉教授・富山健蔵(72歳)と妻・道子(66歳)、秀一、涼子、洋平(12歳)、拓也(10歳)が食事中。
洋平、拓也の土産話に花が咲いている。
道子「それで、ホームスティの間で、拓ちゃんは何が一番楽しかったの?」
拓也「僕はね、キャンプ……」
道子「キャンプ……」
拓也「ウン……スワン湖っていう大きな湖があってね、そこで釣りをしたの。」
洋平「テント張ってね……一週間位……」
道子「へぇー……そんなに長い間……」
洋平「僕ね……(手で示して) こんな大きい鱒、何匹も釣ったんだよ。」
涼子「それで、その魚、どうしたの?」
拓也「全部焼いて、食べちゃった。」
涼子「まぁー……」
拓也「うまいんだ。」
道子「それで、洋平ちゃんは、何が一番楽しかったの?」
拓也「兄ちゃんはね、お姉さんのメアリーにキスされた事!」
道子「まぁー!」
洋平「(殴る振りをして) 馬ー鹿! そんなんじゃねぇーや!」
道子「キスって、あなた……」
洋平「(照れながら) キスって、唇じゃないよ、頬っぺただよ……向こうの人は、挨拶代わりに、皆、するんだ。」
道子「（納得して）ああ、成程……」
洋平「こいつ！……」
再び、拓也を殴る真似をする。
道子、涼子、笑う。
健蔵、黙りこくって、黙々と食事を口に運ぶ秀一に声をかける。
健蔵「どうかね、教授選の方は？」
秀一「……（気が付かない）」
健蔵「秀一君！」
秀一「（慌てて）ハッ！……」
健蔵「どうかね……教授選の見通しは？」
秀一「ええ、まあー……」
健蔵「退官する佐藤教授は、根っからの郷田嫌いだから、これはもう致し方無いとして、問題は彼がどの位、しつこく大暴れするか……又、彼にどの位の人数の教授連が同調するかだが。」
秀一「ハァー……」
健蔵「まぁ、他大学から候補を呼び寄せる等という突飛な案は、選考委員会の段階で握り潰してしまうに限る。……医学部長の吉村は、私の後輩だから、重々、そこの所は言い渡してあるけれども……まぁ、中には、色んな教授がおるからなぁー……君の実力は、皆充分承知していながら、その為に、余計、反発して来る奴も出て来る。」
秀一「そうですね。」
健蔵「まぁ、君の手下で、充分信用出来る奴を手元に置いて、君の医局内だけは完全にまとめておいた方が良いよ……これからまだまだ、何が起きるか分らんからなぁー……」
秀一「そうですね。」
その時——〃こいつ、まだ、メアリーの事言うか！〃と洋平の大きな声。
〃だって、本当なんだもん！〃と拓也。

洋平「よーし、拓也の事も全部ばらしてやるからな。……こいつね、ポルノ写真をカバンの中へ入れて、持って帰ったんだよ！」
道子・涼子「(目を剝いて) まあ!!」
拓也、立ち上がり、洋平につかみかかりながら、
拓也「アーッ、それだけは、絶対に言わないって、約束したのに！　約束を破ったなーッ!?」
洋平「(応戦しながら) お前が、メアリーの事を言うからだよ！　こいつね、ジャンバーの裏地の中へ上手く隠して、税関をパスしたんだ！」
道子・涼子「まあー!!」
拓也「アーッ、そこ迄言うかッ！　兄ちゃん、許せない!!」
拓也、激しくつかみかかる。
その時――〃うるさいッ!!〃
秀一の場違いな程、大きな怒声。
一瞬、シーンと水を打ったように静かになる一同。
秀一、椅子から腰を上げて、蒼白な表情。
秀一「(必死に自分を抑えて) うるさい……静かにしろ……」
その顔に、一種の異様さが漂う。

○郷田家・夫婦の寝室 (深夜)

熟睡している涼子の脇で、しきりにうなされている秀一。
苦し気な顔で、何やらしきりにつぶやいているが……
やがて、ハッと、目を覚ます。
汗びっしょりである。
秀一、パジャマの上着を脱いで汗をぬぐうと……ソッとベッドから離れる。

○薄暗い食堂

秀一が、椅子の背に手をやって、うなだれたまま立っている。

長い間、グッタリと立っている秀一。

やがて、グラスに水を入れると、精神安定剤を数錠飲む。

その時――フト、外を見る。

○芝生の庭に、燦々と、月光が降り注いでいる。

○元の寝室

涼子が、スタンドを点けて、半身起こしている。

秀一が力無く戻って来る。

涼子「大丈夫、あなた？」

秀一「大丈夫だ。」

秀一、ベッドに潜り込んで、頭からシーツを被る。

涼子、スタンドの灯を消し、横になる。

（F・O）

○城南病院・手術室

シャウカステンで、頭部レントゲンの写真を見ている秀一と、助手の山崎。

大さな脳動脈瘤が出来ている。

山崎「患者が高齢者だけに、大変ですねぇー……それに、ちょっと大き過ぎる……」

秀一「ウン……縛りづらそうだな……（顔を上げて）あれは？」

○見学実習室

数人の助手連中が、手術室の方を見下ろしている。

○手術室

山崎「今日は、郷田先生の動脈瘤手術をぜひ見学したいと、医局から要望が出ていたので、許可しました。」

秀一「そうか……」

もう一度、チラと見学室の方を見る。

×　×　×

手術前の緊張した雰囲気。

秀一「手術を開始する。」

開頭作業。

秀一が、物凄い汗を吹き出す。

何度も何度も、作業を中断して、外回りナースが汗を拭く。

秀一の目に、患部がぼやける。

山崎「アッ、先生！」

余計な神経に、危うく触れようとしたのだ。

山崎「大丈夫ですか？」

秀一「大丈夫だ。目に汗が入った……」

モニター・テレビの方を見て、動揺する見学室。

×　×　×

顕微鏡で、患部を凝視している秀一。

患部が大きくなったり、小さくなったり……必死でピントを操作するが、どうしてもピントが合わない。

滲み出す汗。

秀一「（絶望的に、顔を離し）駄目だ。ピントが合わない。……（場所を離れて、山崎に）やってみてくれ！」

ナースが、秀一の汗を拭う。

×　×　×

山崎が交代して、ピントを動かす。

簡単にスッとピントは合ってしまう。

山崎「（チョット首を傾けて）ピントが合いました。」

再び交代して、秀一が覗く。

秀一「うん。……」

ピントは合っている。

山崎、素早く位置に付き、

山崎「手術を、続けます。」

○助教授室

机の上に、グッタリとしてうつ伏せている秀一。

突然、ドアがノックされ、第二内科の内山助教授が、大柄な体に白衣を着て、息せき切って現れる。

内山「オイ、郷田、どうしたんだ!? オペの話、聞いたぞ!」

秀一「(苦笑して) もう、伝わったのか……」

内山「お前、どっか体の具合い、悪いのか?」

秀一「さっきは、目がちょっと……」

内山「目!?……(フト思い出して) お前、さっき手術室で吐いたって言うし、まさか、お前の専門の脳腫瘍でも……」

秀一「イヤ、そうじゃないんだ。」

× × ×

顕微鏡を覗きながら、動脈瘤の根元を縛ろうとしている秀一。

手が激しく震える。

心配気な山崎、他の助手、ナース達。

秀一、必死で気を鎮めて、再び顕微鏡を覗く。

再びピンボケの患部が、激しく波打つ様に揺れている。

暫く、その様子を凝視しているが、

秀一「(顔を上げ) 山崎君、代わってくれ……ハウプト (責任者) を君に任す。」

× × ×

見学室の研究生達が、立ち上がって手術室の様子を覗き込む。

× × ×

秀一、部屋を出て、少し吐く。

背中をさするナース。

内山「じゃ、何だ？……お前、定期検診はやってんだろうな？」
秀一「それが、忙しくって……」-
内山「やってないのか？　駄目だなぁー……年齢から言っても、今、一番、ガタが来やすい時期なんだ……来週になったら、俺のところへ来い。鼻クソから、水虫の検査までやってやるから……」
秀一「……（かすかに笑う）」
内山「笑い事じゃないぞ。……本当に、来いよ。」
秀一「分った。お願いするよ。」
内山「よし。……それから、暫くオペは休めも限らんからな。」
……時期が時期だから、どんな噂が立たんと
秀一「ああ、そうする。」
内山「ミスミス、教授になるチャンスを逃がして、どうするんだ？……お互いに、助教授で、何年苦労して来たと思ってるんだ？……じゃぁな、気を付けろよ。」
秀一「ああ、すまん……」
秀一、立ち上がってお辞儀する。
内山、忙しそうに、部屋を出て行く。

○病院廊下（更に暫く後）

秀一が、（星山の研究室へ向けて）歩いて行く。
後ろから、ストレッチャーを押してやって来る看護婦達。
忙しそうに回復室へ入る瞬間、ナースの一人が秀一の顔を見る。
看護婦「アッ……」
先程迄、秀一が担当していたオペのスタッフだったのだ。
秀一、慌てて目を外らす。

○星山の研究室

秀一と星山が話し込んでいる。

星山「オペを放棄したというのは、ちょっと尋常じゃないな……大きいオペは、暫くやらない方がいいと思う。」

秀一「そうする積もりだ。」

星山「少し、鬱っぽい様だが、何か、きっかけになる様な事でもあるのか？（＊作者に寄る書き込み「やっぱり」）」

秀一「それが、……全く無いんだ。」

星山「選挙の事は？」

秀一「全然、気にしてない、というか……ほとんど、気にしてない。」

星山「……」

秀一「俺は今日迄、ほとんど自分のやる事を意識しないで、しゃにむにやって来た。」

星山「自意識を持たない人間はおらんよ。」

秀一「そりゃそうだ。勿論、少しは意識したろうが、然し、殆ど、自分を省みるという事は無かった。それが、急に、自分を意識するようになった。何やら、愕然とする思いで、自分を見ている。それが、凄く怖い。」

星山「自意識の肥大化……ノイローゼの始まりだな。そんな珍らしい事じゃないよ。」

秀一「……」

星山「仕事の量を減らして、少し、減速するんだな。但し、仕事は完全に休まず、少しずつ続けた方が良い。君の様な人間から、完全に仕事を取り上げてしまうのは、かえって良くないだろうー。どうかね。」

秀一「そうだな……」

星山「内科の検査も、至急に受けた方が良い……体の不調が、気力の低下をもたらすという事は、大いにあり得る事だからな。俺の方の薬も、引き続き飲んでくれ。」

星山、立ち上がり、

星山「今日は、俺の車で、送って行こう。……大分、へばってるようだから……」
秀一「すまん……」
秀一、後からついて行く。

○道路

星山の運転する車、後部シートに、秀一がグッタリとなって座っている。
渋滞しがちな道路。
キョロキョロと不安気な日を向ける秀一。
星山「郷田。……」
秀一「ウン？」
星山「人間がな……心身共にコントロールして生きるってのは、それなりに難しい事なんだよ。」
秀一「ああ……」
星山「だから、俺の様な医者も必要になってくるし……神経科の外来も、結構、繁盛してるという訳だ。」
秀一「そうだな。」
星山、アクセルを踏む。

○郷田の家・表

星山の車が停まる。
秀一が車から降り、続いて星山が降りる。
庭の植木に水をやっていた涼子が、慌ただしくやって来る。
涼子「あなた！……（星山に気付いて）アラ、星山先生」
星山「お久し振り……」
涼子「（頭を下げて）お久し振りでございます。」
星山「奥さん、郷田、ちょっとくたびれている様ですから、ゆっくり休ませてやって下さい。」
涼子「ああ、ハイ……」

星山「それじゃー……」
涼子「あのー、先生、ちょっとでもお上がりになったら……」
星山「イヤイヤ、又、今度にしましょう。（秀一に）薬、ちゃんと飲めよ。」
秀一「分かった。……どうも、わざわざ、ありがとう。」
星山「それじゃ……」
軽く手を上げて、車に乗り込み、発車する。
見送る二人。

○郷田家・内部

秀一と涼子が入って来る。
涼子「あなた、どこか、体のお具合が悪いのですか？」
秀一、服を脱ぎながら、
秀一「まだ、良く分からんのだ。」
涼子「今日、手術を中断なさったんですって？」
秀一「（ギクッとして）誰から聞いたんだ？」
涼子「内山先生が、電話して下さったの。」
秀一「（ホッとして）内山か……」
涼子「必ず検査を受けさせろって……」
秀一「そうする積もりだ。」
涼子、秀一の脱いだ物を片付けながら、
涼子「具合が悪いって、どんな風なんですか？」
秀一「ウーン……今日は、ちょっと気分が悪くなったんだ……まぁ、余り心配するな。」
秀一、浴室へ消える。

○浴室

熱いシャワーを、頭から浴びる秀一。
何か、自分を苛めるかの様に、頭をゴシゴシ掻きむしる秀一。

○脳外科・佐藤教授の部屋

机の前に突っ立っている秀一を、意地悪く、ジロジロ見ながら、

佐藤「(ニヤニヤしながら) 君の様な頑健な奴が、この時期に一体どうしたんだ?」

秀一「……」

佐藤「そう言えば、確かに顔色が良くない。」

秀一「……(ムッとしている)」

佐藤「それに、この間みたいに、手術を途中で投げ出されたりしたら、こっちが迷惑だからなぁー。」

秀一「申し訳ありません。」

佐藤「手術を当分休むのは、致し方無いだろうー……それで、君の担当しているクランケの方は、どうするんだ?」

秀一「ハイ……今週一杯、検査を受けたいと思いますので……中途半端になるといけませんから、全て、山崎に担当を任せたいと思っています。」

佐藤「(上機嫌で) そうか……それで、講義は?」

秀一「講義も、今週は休ませて貰おうと思います。ただ、学校へは、毎日来る積もりです。どうせ、検査がありますし、助教授としての雑務は、私にしか分からないものもありますから……」

佐藤「フン……それじゃ、身体不調の為、一週間の休暇を、教務課と病院の方へ出しておきたまえ。」

秀一「ハッ……」

頭を下げる。

○助教授室

窓からボンヤリ、外を見下ろしている秀一。
その顔が硬直している。
眼下の風景が超高層から見ている様に低く見え、歪んで見える。

思わず目を閉じて、目を外らす秀一。

そのまま暫く、椅子に座っている。

秀一「(小さくつぶやいて) 心の奥底からの歌が聞こえない……自然な歌が、聞こえて来ない……」

秀一、思わず身震いするかの様に立ち上がる。

その目は虚ろで、頬が怖さにひきつっている。

慌ただしく部屋を出ていく秀一。

○**内科病棟**
検査着を着て、トイレから出て来る秀一。

検尿のカップを持っている。

それを、尿検査室の窓口へ置く。

○**脳外科病棟・ナースルーム**
看護婦数人が、談笑している。
看護婦1「今度の脳外の教授選、どうなるのかなぁー……郷田先生、大丈夫なのかなぁー……」
看護婦2「あれだけの腕があるんだからね。」
看護婦1「うん……」
看護婦3「アラ、教授選て、まだまだ、来年の事でしょう?」
看護婦1「何言ってるの……来月には、選考委員会でのが選ばれて、そこで大体の事が決まってしまうのよ。」
看護婦3「へーえ、そうなんですか……」
看護婦4「私は、郷田先生が決まると良いな。」
看護婦2「アラ、どうして?」
看護婦4「だって、ハンサムだもん。」
〝ワーッ〟と、歓声上がる。
看護婦3「私は郷田先生、嫌い。」
看護婦2「どうして?」
看護婦3「だって、野心家だもん……何だか怖い……」

看護婦1「あんた、そんな本当の事、言っていいの?」

再び歓声が上がる。

○内科病棟

レントゲン室

胸部レントゲンを撮っている秀一。

技師の声「ハイ、大きく息を吸って下さい。……ハイ、止めて!……ハイ、楽にして下さい。」

廊下を移動している秀一。

心電図を撮っている秀一。

○助教授室

電話が鳴る。

電話機を取る秀一。既に、普通の服装に戻っている。

秀一「もしもし、郷田ですが……」

電話の声(早苗)「私、早苗です。……何時もの部屋、リザーブしてあるんですけど……」

秀一「(躊躇するが)判りました。今から行きます。」

受話機を置く秀一。

○ホテルの一室

秀一と早苗が、立ったまま抱き合ってキスしている。

秀一、そのまま早苗の服を脱がせて行くと、全裸にして、再びキスを交わす。

× × ×

同・ベッド——

秀一が、焦燥の色を浮かべながら、唇で早苗の下半身を愛撫している。

やがて、秀一、油汗を額に浮かべながら、

秀一「(絶望的に顔を歪め)駄目だ!……出来

ない……」

○プール

屈辱を晴らさんとばかりに、激しく泳ぎ続ける秀一。

○夜の病院・外

まだ、頭が乾き切ってない状態で、秀一が中庭を通って、ソッと病院へ入って行く。

○助教授室

小さなルームライト以外に、ほとんど薄暗い室内。

秀一が、電話にかじりつく様にして、小さな声で話している。

秀一「もしもし、叔父さんですか？……僕です、秀一です……」

秀一の声がほとんど聞こえなくなる。

ただ、必死の形相で、時々、〝ぜひ、お願いします……そこの所を、何とかお願いしたいんですが……よろしくお願いします！……ぜひ、ぜひ、お願いします！〟という言葉が聞こえる。

何度も何度も、頭を下げる。

○小料理屋の座敷

脳外科の医局員六・七人が集まって、教授選・郷田支持派の選対会議をやっている。

ビールや酒を、チビチビやりながら、

宮川「一体、郷田助教授という優秀この上ない後継者がありながら、佐藤教授は、何を考えてるんだ？」

吉川「郷田助教授へ対する、嫉妬と、今日迄の確執……」

宮川「女々しい奴だなぁー……」

多々良「老兵は、黙って去りゃー良いんだよ。」

高橋「そぅ……飛ぶ鳥、後を濁さずだよ。」
神部「ところが、必死で後を濁そうとしてるんだなぁー、これが……」
宮川「然し、それは、郷田助教授へ対する、恨み辛みだけなのかねー、動機は……」
柳井「自分の退職後の、就職運動……」
小熊「何だ、そりゃー……」
柳井「君は、そんな事も知らんのか……厚生省のメンバーとも絡んだ、旧帝大系の学閥人事ってのがあるんだよ……佐藤さんは、それに乗って、再就職先を、有利にしようとしている……」
小熊「そんな古くっさいものが、まだのさばろうとしているんですか……そんなもの、医学の進歩と、何の関係も無いじゃありませんか」
柳井「そりゃそうだけど……」
神部「関係が無いどころか、これが、実際は、ガンなんだよ。」
吉川「その通りだ……この旧学閥派のアカデミック権威主義で、うちの外科全体が、すっかり駄目になって来たんだ。」
多々良「我々が、郷田先生を推す正当な理由は、そこにある。」
高橋「その通り！」
宮川「まあ、実際に教授を選ぶのは、教授会、その前の選考委員会にある訳だけど、我々医局内部も、なるべく一致団結して、事あるごとに、郷田擁護で、圧力をかけて行く必要がある。」
高橋「意義なし！」
暫く一同、黙って酒を飲む。
神部「ところで、今日、山崎さんはどうしたんだ?」
宮川「山崎さんは、郷田さんのクランケを預かったから、暫くは忙しいよ。」

柳井「あの人は、佐藤派なのかなぁー……」
吉川「まぁ、タイプとしては学究肌で、佐藤教授に傾倒してる部分もあるんだけど、何と言っても、郷田さんに臨床を叩き込まれた人だ。裏切る事はないと思うよ……」
柳井「そうだな。」
　その時——秀一が、女中さんに案内されて入って来る。
　硬直した表情だ。
宮川「(立ち上がって) 郷田先生、お待ちしてました。サァサ、こちらへどうぞ。」
秀一「ウン、……私自身がこういう場へ顔を出すのはまずいんだが……それじゃ、ちょっとだけ失礼しよう。」
　上座へ着席する秀一。
吉川「先生、体のお具合は、いかがですか。」
秀一「ウン……まあ、今日、検査を始めたばかりだから、何とも言えないが……」
多々良「単なる疲労だと思いますよ。何しろ、重要なオペは、全部、郷田先生へ回してるんだから……」
神部「そうー。それでトップは、国際学術会議だの、脳外科シンポだとか言って、旅費の無駄遣いばかりしとる。」
　一同に笑いが起こる。
宮川「そこで先生、今度の教授選では、理屈専門のアカデミズム派に出て行って貰って、学外からの移入人事に反対し、生粋の郷田教室確立を支援しようと、今、皆で、気炎を上げていたところなんですよ。」
　郷田、笑おうとするが、上手く笑えない。
吉川「それじゃ、ここらで、前祝いの為に乾杯と行こう。」
宮川「(音頭を取って) 郷田先生の健康と選挙戦での勝利を祝って、乾杯!」
　全員の、〝乾杯‼〟の声。

秀一、やはり硬い表情のまま、
秀一「ありがとう｜。」
グラスを上げる。

○郷田家・寝室

ベッドに横になっている秀一。
鏡台に向かっていた涼子が、ガウンを脱ぐと、秀一の横に潜り込んで来る。
ちょっと挑発的な夜着を着ている。
涼子、秀一の背後からにじり寄り。
涼子「あなたの身体の事……心配だわ……」
秀一の肌をまさぐる。
秀一「今日は疲れてるんだ。……すまん……」
涼子に、ハッキリ背を向ける。

○助教授室

内山と秀一が向かい合っている。
内山「検査の方はどうだ？」
秀一「ウン……明後日から、胃腸の検査になっている。」
内山「そうか。……（椅子を寄せて）実はな……選挙委員会のメンバーなんだが、かなり確実な情報が入って来たんだ。それによるとだな、医学部長と佐藤教授の他は、全て臨床四課で固まっていると思ってたんだが、どうも、基礎の教授連から不満が出て、基礎から一人、代表を出そうと言う動きが出てきたんだ。」
秀一「……ホウ……」
内山「ホウーなんて、お前、他人事みたいに言うな……基礎から出て来るとしたら、どうしたって細菌学の細川教授だろう｜。あの堅物と、八方美人の整形外科の八代教授辺りが佐藤派についてみろ……一発で、三対三の五分になっちゃうんだぜ。」
秀一「……」

内山「そこでだ……細川教授は政治嫌いのああ言う人だから、触らぬ神に祟り無しだと思うんだが、（更に声を潜めて）八代さんとは、どうしても、あんたが一度、直に会っといた方が良いと思うんだ。」
秀一「……」
内山「イイヤ、大丈夫、セッティングは全部俺に任してくれ……来週早々にでも、俺がチャント、一席設けるようにするから……勿論、俺も同席する……いいな、ここは一つ、重要なポイントだから、キッチリ、頭に入れておいてくれ。」
秀一「分かった。」
　頷く内山。

○医学部の階段

　階段を、額に汗しながら、二段毎に登って来る、秀一。

○星山の研究室

　秀一が星山に、必死に訴えている。
秀一「もう駄目だ。足元から、恐怖が込み上げて来る様な気がする。……怖い！（＊作者による書き込み「目は焦燥、動作はかんまん、声はモノトーン」）」
　星山、立って、秀一の目を調べ、電話を取って、
星山「至急、部屋の方へ、××（薬品名）を数錠、持って来てくれ。」
中山の声「ハイ！」
秀一「もう、以前の自分には戻れないような気がする。」
星山「（柔らかく）まあ、落ち着け。」
　中山が、薬を持って入って来る。
　星山、コップに水を汲んでやり、錠剤と共に、秀一に渡しながら、
星山「少し、眠くなるかも知れんぞ。」

秀一、薬を飲む。

星山「どうだ、思い切って、入院するか?」

秀一「(血走った目で)それは……少し、待ってくれ。」

星山「(少し強く)そんな余裕は、もう、ないぞ。」(＊余白に作者による「とん走」の文字)

秀一「(大声で怒鳴って)二・三日、待ってくれと言ってるんだ!!」

星山「……(秀一を、ジッと見つめる)」

秀一「(唇から、水滴を零しながら)すまん。……」

○助教授室(深夜)

暗い部屋で、狂気の表情で電話している秀一。

秀一「もしもし、叔父さんですか?　秀一です。度々、何度も電話してすみません……アノー、あの件は、その後、如何でしょうか?」

以後——電話で必死で話している秀一の顔(ストップモーション)を、何カットか、モンタージュする。

その顔に、切羽詰まった秀一の声が、途切れ途切れに重なる。

〝そうですか!!　ありがとうございます!〟

〝イエ、ぜひ、お願いします!〟

〝私の方は、何時でも結構です。〟

〝午後、一時ですね!〟

〝よろしくお願いします。〟

〝ハイ、必ず伺います!〟

○大学会議室

時計の針が、一時を指している。

六人の選考委員達が、テーブルに座っている。

医学部長「それではこれから、今期をもって定年退職なさいます、脳外科の佐藤教授の後任教授選考委員会を開きたいと思います。」
佐藤教授が、静かに頭を下げる。
医学部長「それでは、司会の細川先生、よろしくお願い致します。」
× × ×
細川「選考委員会は、申すまでもなく、次期教授の候補を、厳正にして、公平な立場から……」
× × ×
時計の針が、三時過ぎを指している。
細川「それでは、次期候補を、他大学から移入する事に賛成か反対かで決を取る事に、異議ございませんか？」
二人の委員から、〝異議なし！〟の声。
細川「では、決を取ります。……他大学から移入する事に賛成の方、挙手願います。」
佐藤が一人だけ、手を上げる。
細川「反対の方、挙手願います。」
残りの全員が手を上げる。
細川「それでは私の反対も入れて、反対五、賛成一で、反対が過半数と決定しました。」
〝パチパチ〟と拍手する、反対派。
× × ×
医学部長「それでは、郷田秀一助教授に、健康上の問題が無い限り、次期脳外科教授として推薦する事に決定致しました。」

○内科・医局

内山が電話を受けている。
内山「何⁉ 郷田一本で決定した⁉」
電話をガチャリと置き、
内山「やったーッ‼」
机を叩いて、飛び出して行く。

○廊下を走り、階段を駆け登る内山。

○助教授室

内山が、簡単にノックして、部屋に飛び込む。

内山「郷田!!」

ブラインドが閉められ、キチンと整理された、薄暗い室内。

空白の椅子。

内山「（つぶやいて）郷田……」

○脳外科・ナースルーム

〝郷田先生に内定したらしいわよ〟の情報に、何となくざわついている室内。

内山が顔を出し、

内山「（看護婦に）郷田先生は？」

看護婦2「えッ？」

看護婦1「内科の方で、検査中じゃないんですか？」

内山「検査は、とっくに終わったよ……おかしいなぁー……自分の部屋にもいないし……」

○星山の研究室

内山が来ている。

星山がダイヤルを回している。

星山「もしもし、郷田さんのお宅でしょうか？……アッ、奥さんですか、先日は、どうも……あのー、郷田君は、御在宅でしょうか？……えッ!? 昨日も、帰って来なかった？」

内山の、驚いた表情。

星山「そうですか……イエ、我々も探しているもんですから……（少し長い間）それじゃ、もし、そちらへ連絡がありましたら、至急、私か内山の方へ、電話するように言って下さい……お願いします。」

星山、電話を切る。

内山「あいつ、何処へ行ったんだ？」

呆然と佇む、星山と内山。

○星山の研究室

星山助教授（59歳）が、カメラに向かって喋る。

星山「……こうして郷田は、我々の前からプッツリと消息を断ってしまいました。当時の彼の精神状況からして、何処かで自殺してしまうという事も、考えられない事ではありませんでした。……勿論、奥さんは警察へ捜査願いを出し、我々も八方手を尽くして探したのですが、杳として行方はつかめませんでした。」

○東北地方・田舎の小さな駅

改札口を、粗末な背広姿の秀一（〃高田秀一〃と名乗っている）と、これも背広姿が身に合わない、小柄で日焼けした叔父さん（62歳）とが出て来る。

秀一の態度はオドオドして、目はキョロキョロと落ち着かない。

×　×　×

二人は、タクシーへ乗り込む。

○更に山奥の農家・中島家

二人の乗ったタクシーが、農道をやって来る。

旧豪農風の農家。

タクシー、中島家の前に停まる。

○広い座敷

比較的若い女・文江（34歳）と、七・八人の男達（背広や羽織姿）が、お膳を前にして、宴席の雰囲気。

そこへ、一人の男に導かれて、叔父さんと秀一がやって来る。

男1「サァサァサァサァサ、どうぞ、こちらへ……遠路はるばる、御苦労様でございました。」

叔父さん「(汗を拭き拭き) イヤー……」
古臭い柄の着物を来た文江が、秀一の方を、チラと見やる。
男1「サァー、花婿さんは、こちらの席へ……」
中央の、文江の隣の席を示す。
秀一が、恐縮した表情で、その席に座る。
又、チラと秀一の方を見る文江。
男2「(座ったまま) 叔父さんは……」
叔父さん「(末席の方を示し) 私は、こちらの方で、結構ですから……」
男1「それじゃ、叔父さんは、ここへ座って頂いて……」
と、全体に目を配る。
男1、改まって叔父さんの方へ正座し、
男1「今度は、色々、御苦労様でした。」
叔父さん「こちらこそ、どうぞよろしくお願いします。(秀一の方を示し) こちらが、秀一です。」
秀一「高田秀一です。どうぞ、よろしくお願いします。」
丁寧に頭を下げる。
男3「それじゃ、もう、堅苦しい挨拶は抜きにして、ソロソロ、始めようじゃないか。」
男4「そうしよう、そうしよう。(二人の方を見て) こうして見れば、結構、似合いの夫婦じゃないか。」
一同、ドッと湧いて〝そうとも、そうとも〟の声。
男1、秀一に酒を注ぐ。
秀一「アッ、こりゃ、どうも……」
男1、文江にも酒を注ぎながら、
男1「(秀一に) こっちが、今日から、あんたの嫁さんになる文江さんじゃ……サ、二人とも、飲んだ……」
秀一と文江、ちょっと盃を捧げ、互いに会

釈して、酒を飲み干す。
〝パチパチ〟と、男たちから拍手が起こる。
男3「(秀一に酒を注ぎ)あんたも、これから、中島家の人間じゃ……しっかり頼むぜ。」
秀一「(恐縮して)ハッ……」

× × ×

叔父さんの処——
男1「何と言っても、今度の件で、一番の功労者は、叔父さんじゃから……サァサ、グッと空けた。」
叔父さんは、あまり酒が強くないらしく、真っ赤になって、額を手で叩きながら、
叔父さん「イヤーッ、こりゃ、どうも……」
上着を脱いで、ワイシャツ姿となる。

× × ×

夜——

秀一、文江の居なくなった席で、宴会が続いている。

誰か一人、唄いながら踊っている。

○二階の寝室

座敷に屏風が立てられ、その奥に布団が二組並べて敷いてある。

長襦袢姿の文江は、既に自分の布団に入っている。

下から、宴会の騒ぎが、かすかに聞こえて——

湯上がりの秀一が部屋に入って来る。

着物を脱いで、浴衣姿になり、一種異様なものを見るように、夜具の方を見つめている。

やがて、ノロノロと、随分時間をかけて布団の方へ這って行き……枕元のスタンドを消すと、ソッと文江の布団の中へ入って行く。

秀一が、文江の肩に手をやろうとすると、

文江、クルッと秀一の方を向いて、マジマジと、薄闇の中で、秀一の顔を見つめる。

文江「あんた、凄い、ハンサムじゃね。よかった……」

と、秀一の胸元から手を入れ、肌をまさぐる。

文江「（息を荒くして）あんた、キスして……」

秀一、文江と唇を合わせる。

長い接吻……。

文江、秀一の手を取り、自分の胸元から乳房へ導く。

乳房を揉む秀一。

文江「（喘ぎながら）あんた……私、早う、子供を作らんといかんのよ……何ぼしてもいいで、早う、子供作ってな……」

秀一に、獣じみた欲望が起こる。

ひどく露骨な形で、交わる二人。

文江の、やはり獣じみた声――

カメラ、薄闇の畳から、屏風の方へ、Ｐａｎする。

（Ｆ・Ｏ）

○土間（翌日）

百姓の服装をした秀一が、土間でゴム靴を履いている。

ピッタリと入る。

後ろから覗いていた文江が、

文江「入った？」

秀一「ああ……」

そのまま出ようとすると――

文江「（呼び止めて）あんた！」

秀一が振り返ると、〝チュッ！〟と、投げキッスをする。

秀一、苦笑しながら出て行く。

文江、背後から――

文江「仕事の事は、何でも、竹口が教えてくれるで……」

と、声を掛ける。

○農道

小柄な老人・竹口（61歳）と秀一が歩いて行く。

竹口「百姓は初めてかい？」

秀一「ハァー……」

竹口「フーン……」

黙って歩く二人。

竹口「中島という家は昔の庄屋だでな……今でも、何かあると、分家や昔の小作の家から、大勢、手伝いに来るよ……」

秀一「……」

竹口「後、一週間もすると、稲の刈り入れよ……」

秀一「……」

○農機具の置き場

色んな農業機械類が小屋に入っている。中で、機械の整備をしている保治（35歳）。

二人、やって来る。

竹口「オイ、保治……この人に、刈り入れ機の使い方、教えてやってくれや……」

保治「（少し、どもって）オオ……オオ……」

竹口「百姓は、初めてだってよ……（秀一に）車の運転は？」

秀一「出来ます。」

竹口「それじゃ、機械の操作は、それ程、難しくはないじゃろう。……もっとも、走るのは田んぼの中だし、相手が稲だかんなぁー……そこんところは、ちーと、難しいよ。」

秀一「……（黙って、うなずく）」

○田んぼの空き地

刈り入れ機を乗り入れて、保治と秀一が、

操作の練習をやっている。

保治、どもりながら、機械の説明をして、
保治「こ、これで、エンジンが、か、かかる……ク、クラッチが、こ、これ……」

動かして見せる。

うなずく秀一。

保治「こ、これ……アクセルが、……ちょ、ちょっと甘いで……つ、強う踏まんと……(まだ何か言おうとして、どもっている)」

秀一、強く、うなずく。

保治「わ……分かった!?」

保治、ホッとした顔をする。

保治「(ブレーキを指示して)ブ……ブレーキ!」

秀一、うなずく。

× × ×

秀一が、少しとまどいながらも、刈り入れ機の運転をしている。

あっち行ったり、こっち行ったり、中々、行方定まらない。

保治が、逃げ回っている。

× × ×

母屋の二階を掃除していた文江が、そんな様子を見て、笑っている。

× × ×

夕暮れ――

かなり上達した秀一が、刈り入れ機の運転を、グルグルと続けている。

保治が、その回りを走りながら、しきりに叫んでいる。

× × ×

家の方から、その様子を並んで眺めている文江と竹口。
竹口「あんたの旦那さん、結構、やるじゃないか。」
文江「フッフ……」
機嫌良さそうに、笑う。

○風呂

文江が湯加減を見ている。

文江「(背後へ声をかけて)あんたーッ、いいお湯よ。」

秀一「すまん……」

裸で、タオル一枚ぶら下げた秀一が、ノッソリと入って来る。

前を、洗って、ドブンと浴槽に入る。

文江「疲れたでしょう?」

秀一「ウン、まあー……」

文江「後で、背中流したげるから……」

× × ×

秀一が、洗い場で、タオルに石鹸を塗っている。

文江、顔を出して、タオルを取り上げ、

文江「ハイ。洗ったげる。」

文江、秀一の背中を洗い始める。

○二階の寝室

文江が女上位になって、大きなうめき声を上げている。

文江「いいわぁー、いいわぁー、いいわぁー……」

暫くして、文江、秀一の気配を感じて、

文江「アッ、待って!」

文江、急いで下になる。

文江「(秀一に、笑って)こうして出して。」

再び、獣めいた動きが続く。

○刈り入れ(一週間程後)

広い平地の田んぼ。刈り入れ機の後ろにワラ切り、脱穀機等のついた長いコンバインを運転しながら、秀一が働いている。

練習の時程、本番は中々、うまく行かない様で、特にターンする時は、ひどく苦労している。

近所の男、二人が見物に来て、ニヤニヤしながら、
近所の男1「トラ刈りにするでねぇーぞ。」
近所の男2「一週間もやってりゃ、何とか終わるさ。」
秀一、″クソッ!″といった表情で、更に、悪戦苦闘する。

× × ×

遠くから、それを見ている文江と竹口。
文江「どう?」
竹口「駄目だね、あれじゃー、まあ、昼迄は、ああやって遊ばしとくとして……午後は、男衆にやらせよう……」
文江「そうだね。」

○畔道

男衆、女衆が畔道に座って昼飯を食っている。

遅れて、秀一がやって来る。
男衆A「どうだや、初日の感想は?」
秀一「ああ……」
座って、女衆から渡された握り飯をぱくつき始める。
竹口がやって来て、
竹口「秀さん……午後からは、こっちは他の男衆がやるで……」
秀一「えッ!?」
竹口「午後は、北の田んぼへ行って、女衆の脱穀を手伝ってやってくれ。」
秀一「ああ……」
竹口「(男衆に)頼んだぞ。」
と言って、去る。

○山間部斜面にある小さな田んぼ

大型コンバインが使えないので、小さな刈り取りだけの機械で、保治が刈り取っている。

る。
側に置いた脱穀機で数人の女衆が、脱穀、袋詰め、運搬等をやっている。
秀一、暫く、女衆に混じって手伝っているが、
秀一「ヨー、保治さん……ちょっと、代わってくれんか？」
保治「(刈り入れ機を停めて）や……やってみっか？」
秀一、頷いて、保治の方へ行き、交代する。
保治「き……きいつけろや。」
秀一「ウン……分かった。」
秀一、作動し始める。
数畝を、好調にこなすが……斜面を、勢い良く登りつめた途端、機械ごと、反転してひっくり返る。
秀一「アッ！……」
斜面を、ゴロゴロところがり落ちる。
慌てて駆け寄る、保治と女衆。
腰と足をしたたかに打って、立ち上がれない秀一。
保治「だ、だ、大丈夫か？」
秀一「(痛さに顔を歪めながら）誰か、家へ行って、消毒液と、包帯を、あるだけ持って来てくれ。」
女衆1「ハイ！」
女衆、軽トラに乗って走り出す。
秀一、ズボンの裾を丁寧に裂く。
かなりの出血をしている。
秀一「きれいな水が、あるか？」
女衆2「お茶じゃ駄目か？」
秀一「駄目だ！」
女衆2「よしッ!!」
×　×　×
大きなヤカンを持って、谷川へ走る。

秀一が、ヤカンの水で、きれいに血を洗い流す。
秀一「(足を屈伸させ) 大丈夫だ。自分で治せる。」せいぜい、ひびが入ってる程度だ。
その時——女衆1と文江が、薬箱を持って駆けて来る。
文江「(着くなり) 誰がやらした?……誰がこん人に刈り取り機貸した⁉」
保治「お、おらが……」
文江「馬鹿‼」
保治が吹っ飛ぶ程のビンタをくれる。
保治「しゅ、秀さんが、や、や、やらせろ言うたで……」
文江「やらせろ言うたら、やらせるのか⁉ こん坂が、危険な事は、お前でも……」
まだ殴らんばかりの勢いで、突っかかって行く文江を、女衆数人が押しとどめる。
女衆達「まあまあ、文江さん……」

秀一は、一人静かに、傷口を消毒し、きれいに包帯を巻いている。
文江「(ちょっと驚いて) あんた……」
包帯を巻く秀一。
文江「あんた……どこぞで、看護婦でもやっとったん?」
秀一、一瞬、ドキリとした表情をするが、
秀一「(平静に戻って) 男の看護婦というのが、あるか……」
女衆が、ドッと笑う。

× × ×

文江や女衆の肩を借りて、軽トラに乗り込む秀一。
軽トラ、出発する。

○中島家・夜の情景

秋祭りの夜である。

○縁側の辺り

祭りの、揃いの法被を着た男衆が、縁側や縁台に、三三五五座っている。

女衆や文江が、酒や肴を運んで来る。

勿論、足にギブスをはめた秀一も、混じっている。

遠くから、お神楽のお囃子の音が聞こえる。

○お神楽

神社に櫓を組んで、面を被った神楽が行われている。

暫く、その様子を捉えて――

○中島家の庭

酒が回って、大分、庭が賑やかになっている。

文江がやって来て、

文江「サァサー、今夜は、ドンドン、やって頂戴。」

あちこち、酒を注いで回る。

× × ×

秀一の側の男衆が話しかける――

男A「それにしても、秀さん……短い間に、結構、百姓衆の顔になったのうー。」

男B「日にも焼けて、ええ顔になった。」

秀一、鈍感な日焼け顔で、ヘラヘラと笑う。

男C「足の具合はどう？」

秀一「（ギブスをさすって）ああ、もう大丈夫じゃー……ギブスも、もう外れる。」

男B「ちょっと、痩せたか？」

男D「仕事が、きつかったか？」

男C「夜のお努めの方が、過ぎるんでねえーか？」

皆、ゲラゲラと笑う。

文江が、チラと話を耳にして、険しい表情。

男A「秀さん、子供は、まだかや？」

秀一「えーッ?……（曖昧な表情）」
男Ｄ「あんまり過ぎても、出来にくい言うのうー……」
一同、ヘラヘラ笑う。
男Ｂ「早いとこ、一発、決めんとのうー……」

○神楽の舞台——

○台所

女衆が、ワイワイ働いている。
険しい表情の文江がやって来る。
ここでも、文江達の噂話をしている。
比較的若い女衆が、皿を洗いながら、大きな声で笑う。
女Ａ「それじゃ、子供が出来んかったら、又、追い出されるんじゃろか?」
女Ｂ「さあ、そりゃ、今度の男は、どうなるか分からんけどなあー……」
女Ｃ「まあ、理屈から言うと、そう言う事だわ。」
文江の、ムッとした表情。

○神楽の舞台——

○二階の寝室

遠くから、お囃子の音が微かに聞こえる。
文江が、秀一の上に馬乗りになって、大きく喘いでいる。
文江「ああ、あんた!……」
文江、そのままの位置で、着ていた夜着を全部脱ぎ捨て、全裸になって動き続ける。
やがて、文江のリードで、男女、上下逆になる。
文江「アッ、チョット待って。」
枕を取って、腰の下に当てがう。
文江「こうすると、妊娠しやすいで……」
秀一、上から深く交わる。

○村の林に、雪が降っている。（初冬）

○中島家（昼）

綿入りの半纏の様な物を着た秀一が、ノロノロと、土間で長靴を履こうとする。

文江が、不機嫌そうな顔で、ジロッと睨む。

文江「あんた、何処行くん？」

秀一「エーッ……倉で、道具を磨かんならん……」

文江「フーン……」

出て行く秀一の姿を、ジッと見ている文江。

秀一は、動きも行動も、全てノロノロなっている。

○倉

秀一が、やっとこさ倉の戸を開けて中へ入る。

並んでいる様々な農具。

秀一は、その一つを手に取って、水で洗い、砥石で研ぎ始める。

○炎が燃え上がる（回想）

○医学部校舎・バリケード前（回想・夜）

ヘルメットを被った数人の学生が、火を焚きながら、夜警をしている。

○騒然とした地下の一室（回想）

籠城中の学生・医局員達が、所狭しと座り込んでいる。

突然、拍手が起こり、マイクを持ったヘルメットの学生が登場する。

ヘルメットの学生「それでは、今日結成されたばかりの全学助手共闘会議で議長に選出されました、郷田議長の挨拶を頂きたいと思います。」

更なる拍手と共に、長い髪を掻き上げながら、登壇する郷田議長。（26歳。若き日の秀一である。）

秀一「（マイクを受け取って）エーッ、本日をもって、我々城南大学各学部の助手総会は、共闘会議を結成する事に決定しました。」

〝よーしッ!!〟の声と共に、割れんばかりの拍手。

秀一「我々医学部に於ける青医連が、登録医制及びインターン制度に反対して、学部当局、或いは病院側当局と、数度に渉る話し合いの場を持ったにも係わらず、当局側は、何ら明確な回答を示さないばかりか、数々の弾圧行為によってこれに答えて来た。」

〝その通り！〟の声。

秀一「そうして数々のそれ以後の闘争を通して、大学側はその権力構造をむき出しにし、それを見て取った医学部学生諸君は、すぐさま我々と共闘を取り、医学部学生無期限ストに突入した事は既成の事実である。」

〝異議なし！〟の声。

秀一「我々は更に、自分達の研究と研究の場所を守る為、既に三十日以上に及ぶ医学部旧館バリを死守し続けている。」

〝そうだ、そうだ!!〟の声

秀一「然しながら、我々はここに於いて、更なる闘争の段階に入った事を、確認しなければならない。何故なら……青医連の個別な要求と、それへの支援という形で始まった我々の闘争は、それ等個別の改良闘争だけでは闘いきれず、敵は全学的な大学体制、又、それと背後で結び付く国家権力そのものである事を明確にし、三・一五、全学共闘会議の結成をもって、全学的な視野にたった共闘の結成、そうしてそれを内側から強力に推し進めるものとしての、全学助手共闘会議の結成へと前進したのである！」

〝その通り‼〟〝異議なし‼〟の歓声と拍手で、一旦、秀一の声はかき消される。

（O・L）

ヘルメットの学生「続いて、大阪甲雲大学の諸君から、応援のメッセージを貰いたいと思います。」

甲雲大学の活動家が登壇する。

甲雲大学学生「我々は、今や全学的闘争に迄発展した城南大学諸君の闘争を全面的に支持し……又、そこに於ける諸君の闘争課題である、〝大学解体〟及び〝学業の自主管理・自主講座〟の闘争目標を、自分達自身の目標として引き受ける積もりである。（拍手）又、我々甲雲大学に於ける、特異な封建的管理体質と徹底的に対峙し……」

学生の演説の声が小さくなり、画面手前（学生達の背後）に、男女二人の医学部助手。

そこへ、演説を終わったばかりの秀一が、フレーム・インする。

男の助手「これで、イヨイヨ、全学に火がついたな。」

秀一「（応援演説に耳を傾けながら）そういう事だな。」

○全国の大学に於ける、全共闘運動の記録フィルム。

各所で、激しい闘争が繰り広げられる。
スーパー〝秀一達の火を点けた全共闘運動は、全国各地の大学へ、燎原の火のごとく燃え広がって行った。〟
×　×　×
激しく燃え上がる炎。

○大学構内・初夏（回想・三年程後）

〝コツ、コツ……〟と、靴が舗石を踏む音。

大きくなったり、小さくなったりするが……やがて、それが、カバンに背広姿の講師・郷田秀一が、閑静なキャンパスを歩く姿である事が分かる。
バリッとした服装である。
手前の木陰にベンチがあり、白衣を着た助手が二人、煙草を吸いながら話している。

助手A「あれが、元、全学助手共闘会議の議長だよ……」
助手B「……」
助手A「今じゃ、城南大医学部名誉教授の娘を嫁に貰って、……脳外科のバリバリ、筆頭講師だってよ……」
助手B「(煙草を踏みつけて)やってられねぇーよ、全く……」
助手A「大学と取り引きしたんだろうなぁー……それにしても、一番出世だよ。」
助手B「我々とは、頭の構造が違うか……」

秀一、平然と校舎に入って行く。

○医学部教室(回想)

秀一が黒板に、〝前頭葉腫瘍と放射線治療〟と書き、講義を始める。
すると、後ろの方の学生が、突然起立し、

学生1「あんたは、この教壇で講義をする資格があるのか⁉」

秀一の目がギラッと光る。
学生1の隣の学生が立ち上がる。

学生2「そうだ! あんたの指導した運動の目標は、何一つ達成されていない。それで、ノウハウと教壇に立てるのか⁉」
秀一「何処のセクトの者だ?」
学生2「(叫んで)言う必要はない‼」

秀一、教壇の横を歩きながら、静かに、

秀一「ここは、俺の講義を聞く為の場所だ。……聞きたくないのなら、出て行け。……それでも不満があるのなら、お前等の言う革命を成し遂げてから、力ずくで俺を排除しろ！どうだ、文句あるか？」
学生1「あんたの指導で、機動隊に頭を割られて、植物人間になっている人間もいるんだぞ!!」
秀一「全共闘運動は、それぞれ、個々の主体性に於いて参加した運動だ。誰が加害者でも、被害者でもない。」
学生1「詭弁だ!!」
学生2「責任回避だ!!」
秀一「うるさいッ!!」
物凄い形相で振り向き様、チョークを投げつける。
（その、ストップ・モーション）

○**郷田の家・居間（回想）**
秀一が帰って来る。弟の克二（19歳）が、ソファに座っている。
秀一「（着替えを、涼子に手伝わせながら）来てたのか？」
克二「お帰りなさい。」
秀一「どうだ、予備校の方は？……成績は順調に上がってるのか？」
克二「（恥ずかしそうに）まあまあです。」
着替えを終えて、克二の前に座り、
秀一「まあまあじゃ駄目じゃないか……死に物狂いで頑張らないと……」
克二「ハイ……（頭を掻き掻き）でも、俺、兄さんの様に、頭良くないから……」
秀一「なに弱気な事、言ってるんだ……（涼子に）ビールでも、持って来てくれ。」
涼子「ハイ。」
涼子、台所の方へ。
秀一「（煙草に火を点けながら）今から、そんな弱気な事、言ってちゃ駄目だぞ……医者というのはな、大学に受かるだけが目的じゃないんだ……それからも、一生、勉強勉強なんだ。そういう世界なんだ。判るか？」

克二「（素直にうなずいて）ウン。……」

秀一、涼子の持って来たビールを、克二に注いでやる。

× × ×

一時間程後――
秀一も克二も、ウイスキーの水割りを飲んでいる。
克二は、目の据わった視線をグラスに注ぎながら、
克二「俺は……今……医学部に行くかどうか、迷ってるんだ。」
秀一・涼子「（顔を上げて）……？」
克二「イヤ、医学部じゃない。大学に行くかどうか、迷ってるんだ……」
秀一「克二、お前、酔っ払ったのか？ ソロソロ、酒を止めろ。」
克二、鼻先で笑って、ウイスキーをドボドボとグラスに注ぐ。
涼子「アッ、克二さん、そんな無茶な飲み方すると……」
克二「（グッとウイスキーを呷り）今、個人的エゴむき出しの、受験競争なんか、やってる場合か？……権力と闘わなくっていいのか？」
秀一「克二……酔っ払って、青臭い理屈を言うのは止めろ！」
克二「青臭い⁉」
克二、フラフラと立ち上がり、
克二「じゃ、あんたの言ってた、〝正義〟とか、〝大学解体〟とか言うのは、何だ⁉……何処行ったんだ⁉」
秀一「克二……お前」
秀一が立ち上がろうとするのを、涼子が必

死で止める。

克二「〝医学部解放〟の結果が、この生活なのかよーッ！　この、ブルジョア的生活なのかよーッ！　何もかも、信じられないんだよーッ!!」

グラスを振り回した拍子に、酒が、ぶちまかれる。

秀一「このッ……（と、立ち上がる）」

克二、空のグラスを、床に放り出すと、

克二「（ブツブツ、呟いて）フン……日和見主義者……この、偽善者……」

フラフラと、玄関の方へ行こうとするのを、

秀一「この野郎!!」

飛びついて行って、数発、殴り飛ばす。

涼子「あなた、止めて!!」

と、中に止めに入る。

克二、唇から流れる血を、這いつくばってぬぐう。

秀一「（怒りに震えながら）訳の分からん事を、一人前にぬかしおって……」

克二の方を、睨みつけている。

○倉の中

農具を磨き上げている秀一。

一つの農具を終えると、ノロノロと立ち上がり……別の農具を取って砥石に向かう。

研ぎ始める、秀一。

○郷田の家・居間（回想・夜）

ソファに手を置いて、頭から包帯し、登山帽を被った克二が、しょんぼりうなだれて立っている。

奥のソファに、新聞を手にした和服の秀一が、不機嫌そうに座っている。

涼子が、どうして良いか判らず、オロオロしている。

秀一「その怪我は、どうしたんだ⁉……佐世保にでも行ったのか⁉」
克二「……（うなだれている）」
秀一「返事も出来んのか？」
克二「（暫くして）……そうです。」
秀一「お前な……予備校生の分際で、一体、何をやっとるんだ⁉……受験勉強が厭になって、革命ごっこに走っとるだけじゃないか！」
克二「……そ、それは……」
秀一「何だ？……文句があるなら言ってみろ！」
克二「……いえ……」
秀一「とにかく、そんな、勉強もしとらん予備校生に、金なんか貸せん！……金が必要だったら、働け……（強い感情が込み上げて来るのを抑えて）俺なんか、親から一文の仕送りも受けないで、全部、奨学資金とアルバイトで、大学を出たんだ！……（克二を睨み）甘ったれるな……頭の悪い奴が、何も、いちいち大学へ行く事はない。浪人なんか止めて、働きゃいいんだ。分かったら、帰れ！」
克二、暫く突っ立っているが、
克二「分かりました……」
うなだれたまま、玄関の方へ行く。

○玄関（回想）

克二が、運動靴を履いて出て行こうとする。
涼子「アッ、克二さん、ちょっと待って！」
自分の財布から、数枚の札を抜き取り、
涼子「これ、持って行きなさい。」
と、ためらう克二のポケットにねじ込む。
克二「どうも、すいません……それじゃ、いただいて行きます……」
軽く頭を下げると、茫洋と出て行く。
心配気に見送る涼子。

○元の居間（回想）
涼子が戻って来て、
涼子「何も、あんなにまで仰言らなくっても良かったのに……それに、克二さん、最近、ちょっと、ノイローゼ気味よ……」
秀一、振り返り、
秀一「いいんだ、あれで……頭の悪い奴には、ハッキリ言ってやらないと、判らんのだ!!」
冷然と、言い放つ。

○倉の中（夕方）
秀一が（農具の手入れを終えて）顔や手を水道で洗っている。
タオルで拭くと、倉を出て行く。

○同・表
既に、夕暮れである。
倉の戸を閉めると、秀一、トボトボと、母屋の方へ行く。

○母屋・内部
食膳が並べられている。
秀一が、ノロノロと入って来て、膳の前に座る。
文江が、ジロッと秀一を見て、黙って飯を注ぐ。
秀一も、黙ってそれを受け取ると、黙々と、飯を食い始める。

○ビルの屋上（回想）
一瞬、克二の顔の表情が歪む。
次の瞬間、克二の身体が、ゆっくりと地上目掛けて、落下して行く。

○元の食膳
思わず、秀一が目をつむる。

〝ガタン!〟という音がして、前のめりに崩れる秀一。

お椀がひっくり返り、汁がぶちまかれる。

文江「(ビックリして)どうしたん、あんた!?」

秀一「イヤ……」

文江、布巾を放ってやる。

秀一、その辺を拭き、畳に転がった箸を拾おうとするが、その手がブルブルと震えている。

文江、それに気付いて、
文江「あんた、手が震えとるよ。」

秀一の目が、恐怖を含んで、カッと見開く。

○**警察の霊安室(回想)**

白衣を被った遺体が一つ、安置してある。

部屋の隅に、レインコートを羽織った女の子・敬子(20歳)が一人、ポツンと立っている。

扉が開き、やはりレインコートに傘を持った秀一が、係官に案内されて入って来る。

係官が、顔の覆いを取り、死体の確認をする。

秀一「弟に……間違いありません。」

係官がうなずき、再び覆いをする。

秀一、出て行こうとして敬子に気付く。

敬子、軽く頭を下げる。

秀一、敬子に近付き、
秀一「……あなたは?」

○**警察近くの道(回想)**

夜、雨上がり。
秀一と敬子、話しながら歩いて行く。
秀一「そうですか……克二には、あなたのような友達がいたのですか……」
敬子「……(うつむいている)」
秀一「それで、お仕事は?」

敬子「……看護婦学校に通っています。」
秀一「そうですか。そりゃー……」

○**喫茶店（回想）**

隅の方の席に、秀一と敬子が座っている。
敬子が、驚いた顔を上げる。

敬子「えッ、私が!?」
秀一「こんな大事な事を、初めてお会いしたあなたにお願いするのは、真に申し訳無いんですが……何しろ、どうしても仕上げなきゃいけない論文の期日が、せまっているんです。」
敬子「どなたか、お家の方は……？」
秀一「それが、具合が悪い事に、女房は子供が生まれたばかりで、全く、手が離せませんし……何しろ、核家族というのか、東京に全く、知り合いのような者も、居ないものですから……」
敬子「……」
秀一「勿論、父や母には、私の方から、事の次第を、キチッと報告しておきます。あなたには、遺骨を運んで貰うだけでいいんです。」
敬子「でも、私、克二さんとお付き合いするようになって、本当に幾らも経っていませんし……」
秀一「イヤ、それはこの際、問題外です。……克二も、あなたに送って貰ったら、一番、喜ぶと思います。」
敬子「……（考えている）」

○**郷田家・居間（回想・夜）**

秀一が、疲れた表情でソファに座っている。
和服姿の涼子が話しかける。

涼子「それなら、私が行きますよ。」
秀一「君は、行かなくっていい。」
涼子「（不審気に）でも、それじゃ誰が？」
秀一「或る人間に、頼んだんだ。」

涼子「頼んだって……どなたにですか？」
秀一「克二に、ガールフレンドが居たんだよ。」
涼子「えッ、克二さんに!?……そんな人が、いたんですか？」
秀一、ニンマリと頷いて、
秀一「その、彼女に頼んだ。」

○駅ホーム（回想）

列車の入り口に、遺骨の入った風呂敷包みを持って、一種、呆然とした表情で立っている敬子。

そこへ、秀一が駆け込んで来る。

秀一「イヤイヤ、すまん、すまん……」

懐から、封筒に入ったお金を取り出し、敬子のコートに突っ込みながら、
秀一「これ、受け取っといてくれたまえ。」

敬子「イエ……旅費も、宿泊代も、頂きましたから……」

秀一「イヤイヤ……ほんの、お礼の気持ちの印です。」

発車のベルが鳴る。

秀一、ホームに降りて、
秀一「それじゃ、帰って来たら、連絡してくれたまえ。」

ドアが閉まる。

秀一「（頭を下げて）よろしく……」

列車が動き出す。

ジッと、不審気な表情を、秀一に投げかけ続ける敬子。

去って行く列車。

秀一、暫く、列車を見送っている。

○中島家・夕飯

飯を食い終わった秀一が、ボーッと思い出に浸っている。
文江「あんた……風呂は？」

秀一、暫く文江の声に気付かないが、フト、
我に返る。
文江「(意地悪気に) 風呂に入ったらどうなと
言うとるんよ……あんた、耳まで遠うなった
ん?」
秀一、フッと苦笑して、ノロノロと立ち上
がると、部屋を出て行く。
ジロジロ、見送る文江。

○同・風呂

蓋を取り、湯を掻き混ぜる秀一。
ソロソロと湯舟に浸かり、再び回想に浸る。

○秀一の研究室(回想)

部屋の隅の椅子に、ぽつねんとかしこまっ
て座っている敬子。
自分の椅子を、敬子の方に向けて、
秀一「やあ、行って来てくれましたか……厄介
な仕事を、御苦労さんでした。」
敬子「(長い沈黙の後) どうして、御自分で行
かれなかったんですか?」
秀一「だから、私には、論文の仕事が……」
敬子「たった、一日か二日の事だと思うんです
けど……」
秀一「……(ムッとした表情)」
敬子「お父さんや、お母さんが、可哀そうでし
た……」
長い沈黙に耐え切れぬように、秀一、イラ
イラとした表情で立ち上がり、
秀一「あんたも、理屈っぽい人だなぁー……」
部屋を、ウロウロ歩きながら、
秀一「親父やお袋の顔を見たのなら、あんたに
も分かるだろうー……俺はな、あの顔を見て
いたら、反吐が出るんだ!」
敬子「……!(キッとした顔を上げる)」
秀一「(激して) 人が好いだけの、百姓の顔

だ！（敬子の方を向いて）この世で、人が好いという事が、一体、何になる!? 何にもなりゃしない……大学へ行く息子に、一文の仕送りもしてやれやしないんだ!!」
敬子「……（呆然と秀一の顔を見ている）」
秀一「俺はな……自分自身の手で、自分の人生を切り拓いて行かなきゃならんのだ!! この激烈な競争社会を、必死で勝ち抜いて行かなきゃならんのだ!!」
敬子「……」
秀一「あんたにゃ、判るか……こういう、男の行き方が……」
　秀一、こぶしをグッと握っている。
　そのこぶしが、ブルブルと震えている。

○小さなホテルの階段（回想）

　秀一が、トントンと登って来る。

○××号室・前（回想）

　秀一が、ドアをノックする。
　中から、〝ハイ〟と言う、か細い女の声。
　秀一、中へ入る。

○同・内部（回想）

　隅の椅子へ、ポツンと座っている敬子。

×　×　×

　敬子を立たせて、背後から服を脱がせて行く秀一。
　白いパンティ一枚になった敬子、両手で乳房を隠し、ブルブルと震えている。

×　×　×

　ベッドの上で、身を離す二人。
　敬子はまだ、荒い息をしている。
　秀一、煙草を吹かしながら、
秀一「思ったより、良い体をしてたよ……」
　更に煙草を吹かしながら、

秀一「俺が外科医だという事が、君の将来に、多少はプラスになる事も、あるだろうー……」

秀一、煙草を揉み消して、

秀一「それじゃ、先に、病院に戻るから……」

と、身を起こす。

× × ×

服を着た秀一、部屋を出がけに、

秀一「それじゃ、又、連絡する……」

手を上げて部屋を出て行く。

身を起こして、ベッドから見送っている敬子。

○中島家・居間（春）

文江が珍しく上機嫌で、タンスから外出用の着物を取り出し、イソイソと着替えをしている。

秀一は、何やら引き出しの中をゴソゴソやっている。

文江「あんた、どうしたん？」

秀一「ウン……ちょっと、深爪してなあー……」

秀一、消毒薬で指の先を洗っている。

文江「ちょっと見せて……」

文江、秀一の指の具合を見て、

文江「バンドエード、ある？」

秀一「ある。」

文江、〃フー、フー〃と、消毒薬を塗った跡に息を拭きかけて、バンドエードを巻いてやる。

文江「ハイ、これで大丈夫。」

秀一「サンキュー……（文江の着替えを見て）何処か、行くんか？」

文江「ウン……ちょっと、町まで……」

文江、〃ウフッ……〃と、少し媚を含んだ目で笑いかける。

○**田んぼ（午後）**

秀一が耕運機で、田を耕している。

暫くすると——タクシーが、家の前に到着するのが見える。

秀一「……？」

耕運機の上から、タクシーの方を見ている。

タクシーから、文江が降りて来て、秀一の方に向かって、手を振る。

文江「あんた！　あんた！　ちょっと！」

手招きする文江。

秀一、苦笑しながら、耕運機を降りる。

○**中島家・母屋**

秀一が戻って来て、外から顔を出し、

秀一「どうしたんじゃー？」

文江、仏壇の前で、線香を上げていたのが、振り返り、

文江「（真面目な表情で）あんた……子供が出来たんよ。」

秀一「えッ……本当か……」

文江「（笑って）三ヶ月やって……」

秀一、縁側に腰を降ろし、

秀一「（フーッと息を吐き）そうか……そりゃぁ良かった……」

日焼けした顔を、くしゃくしゃにして喜ぶ。

×　×　×

暫く後——

竹口以下、数人の男女が、顔を出している。

女1「奥さん、お目出とうございます。」

文江「（正座して）ありがとう。」

男1「とに角、これでホッとした……」

竹口「これからは、身体に、気い付けんと……」

文江「（頷いて）そうじゃね……」

男2「秀さんも、頑張り甲斐があったのうー

……」

一同の間で、笑いが起こる。

頭を掻き掻き、照れる秀一。

男１「頑張り過ぎて、ひどう、年取ってしもうたがな。」

再び起こる、笑い。

秀一「わしも、嬉しいが……」

手拭いで、しきりに顔を拭う。

○中島家・座敷（秋・夜）

竹口以下、結婚式の時と大体同じメンバーの男衆のみが、車座になって、ちょっとした酒と肴を前に座っている。

勿論、秀一も入っている。

男1が、文江と秀一の子の名前を書いた紙を、壁に貼る。

〝啓太郎〟と墨書されている。

パチパチ……と、拍手が起こる。

男２「ええ名前じゃー……」

男３「男の子で良かった……」

男1、自分の席へ座り、

男１「丸々太った、体格のええ赤ん坊じゃそうな……」

一同、一升瓶のまま、酒を注ぎ合う。

男１「(盃を捧げて) おめでとうございます。」

一同、〝おめでとうございます〟と声を合わせ、盃を乾す。

男２「文江さんも、喜んどらるじゃろうー……」

秀一、放心した様な表情で、遠くを見ている。

○中島家・座敷（秋・昼）

五歳になった啓太郎が、一人座敷で、オモチャの車を動かして遊んでいる。

スーパー〝五年後――〟が入る。

啓太郎「ブー、ブー、ブー……」
　無心に遊んでいる、啓太郎。
　その時、奥から文江の声――
文江「啓太郎！……啓太郎！……」
　啓太郎、遊びに夢中で気が付かない。
　文江、台所の方から顔を出して、
文江「啓太郎……お爺ちゃんに、御飯だよって、行って来て。」
啓太郎「ハーイ！」
　車を置いて、駆け出す。

○同・階段の処
　啓太郎、階段を数段上がり、
啓太郎「(二階へ向かって) お爺ちゃん！　御飯だよーッ!!」
秀一「ホーイ！」
　啓太郎、声を聞いて、立ち去る。

○同・二階
　窓際に、無残な程年老いた秀一が座っており、放心した様に、外の風景を眺めている。
　恐ろしい程、老けている。

○秀一の田舎の実家（回想）
　板壁の、極貧と言っていいような農家である。

× × ×

　中の食膳には、心尽くしの御馳走が並び、真っ黒に日焼けした父と母が、ニコニコと笑いながら喜んでいる。
　父が、大学の合格電報を、何回も読みながら、
父「良かった、良かった……これで、秀一も、お医者様じゃー……」
　母が、電報を覗き込んで、
母「本当に、家から、お医者様が出るなんてな

あー……」

涙ぐむ母。

父「それに、奨学資金も、色々貰えるようじゃし、良かったなあー、秀一……」

秀一は、窓の外を黙然と眺めながら、振り返ろうともしない。

イガグリ坊主の克二が、

克二「良かったねぇー、兄ちゃん！」

秀一、ピクッと首を動かそうとするが、又、怒った様に、窓外を見ている。

○中島家・昼食

文江に比べて、夫婦と思えない位、老けている秀一。

啓太郎と三人で、昼食を食っている。

一人の、作業員の制服の様な物を着た、中年の男が、チラッと庭の方に顔を出す。

文江、一瞬、うろたえた様な表情をするが……素早く、秀一の様子を伺い、男の方に目配せをする。

男、″分かった″という表情で、サッと、別棟の方へ消える。

○山への道

秀一が、草でも刈るのか、カゴを背負って、トボトボと山道を登って行く。

空を見上げる、秀一。

○田舎の実家（回想）

貧しい家のたたずまい。

その中に、ニコニコ笑っている、日焼けした父と母が居る。

○山道

突然、秀一、バタッと道に倒れ伏す。

そうして、ワナワナと肩を震わせながら泣

き始める。
激しく泣きながら、何者かに謝罪するように、何度も何度も、頭を下げる。

× × ×

山道を、一人の村人が下って来る。
秀一の奇っ怪な振る舞いを見て、慌てて道を外れ、林の中から、ジーッと様子を窺う。
秀一は何度も何度も、地面に頭を、ひれ伏している。
村人、しきりに首をひねって見ている。

○村の中

村人がやって来て、近くで働いていた百姓夫婦を、手招きで呼び寄せる。
村人「(小声で)秀さんな……あれ、完全に、頭まで呆けとるな……」
夫婦「フーン……」
頷いている。

○中島家・座敷(数年後)

床の間に、秀一が正座で座っている。
その顔は、少なくとも八十を越える老人の顔だ。
文江が、秀一に、赤いちゃんちゃんこを着せてやる。
秀一の還暦の祝いらしい。
数人の近しい縁者から、〝パチパチ〟と拍手が起こり、秀一が照れたような顔をする。
縁者A「よう似合うがな。」
秀「イヤーッ……」
頭を掻いてみせる。
文江は、冷然と、そんな秀一を見ている。
酒が回りながら――
縁者B「秀さんも、何じゃな……ここの、中島家の墓へ入る訳じゃな?」
耳が遠いのか、耳に手を当てて、必死に聞いているが、秀一「そりゃ、そう言う事じゃな……」
声はしわがれ、弱々しい
縁者A「ここへ婿入りに来て、何年経つ？」
秀一「……十四年かのう―……」
縁者B「まだ、そんなもんか……」
縁者C「（感心して）えらい、変わったわのう―……」
酒が回る。
縁者A「然し、還暦まで祝って貰うて、もう、思い残す事は、何もあるまい？」
秀一、手を大きく振って、
秀一「ない、ない……何もない……」
縁者B「文江さんは、益々、女盛りで、のう―……益々、色っぽうなっとるというのにのう―……」
文江、オーバーに、縁者Bの膝をつねる。
縁者B「イタッ!!」
笑いが起こる。

○中島家・庭（晩秋）
寒い日だ。

秀一が、カゴに農具を入れて、畑へ向かおうとする。

が……何か、忘れ物をしたらしく、ブツブツ呟きながら、倉の方へ戻って行く。

倉で、農具を一本手に取ると、それをカゴの中に入れ、再び畑の方へ向かおうとする。

その時――

かつて制服の様なものを着て庭に現れた男が、そそくさと母屋の方へ行く姿が見える。

……

暫くの間、いぶかし気にそっちの方を、ボーッと見ているが、何かを決意した表情で、カゴを地面の上に置き、ゆっくりと母屋の方へ歩いて行く。

○母屋の一室

文江「あんた！……」

畳の上で、文江と男が、抱き合い、むさぼるように接吻する。

男の手が、荒々しく、文江の着物の裾を割る。

○座敷の外

秀一が、ノロノロと靴を脱いで、廊下に上がり、少し開いた襖から、中の様子を覗く。

○同・中

露骨に交わる、二人。

○廊下

秀一が、長い間、一部始終を見て取る。

やがて、再び、何かを決意したような表情で、その場を離れ、階段を二階へ登って行く。

○秀一の部屋

薄暗い部屋。

秀一、上着とマフラーを手に取る。

○線路の上（夕暮れ）

秀一が、風に吹かれながら、トボトボと歩いて来る。

○星山助教授の部屋

星山（秀一に比べれば、著しく若い）が、カメラに向かって話す。

星山「中島秀一、いや、郷田秀一が、最後に向かおうとしたのは、やはり、東京だったのでしょうか？……いずれにしろ、彼は、東京へ向けて、歩いておりました。」

○線路の上。

ほとんど、闇に近い位の夕暮れ——
秀一が歩いて来る。
進行方向の前方遠くから、列車の警笛の音が聞こえる。
然し、秀一は、全く気付かない。
列車（既にライトを点けている）が姿を現わす。
気付かず、歩き続ける秀一。
列車は、明らかに秀一を認めた。
立て続けに鳴る警笛と、ブレーキの音。
秀一は、まだ、気付かない。
しきりに、何かを考えている様子。
そして、列車が寸前まで近付いた時、初めてまぶしいライトの光が目に入る。
一瞬、驚愕した表情。
やがて、列車に撥ね飛ばされ、線路脇の草むらに放り出される。

列車が、遙か後方に停車する。

○走る救急車

○事故の現場

救急車がやって来て、虫の息の秀一を担架に乗せ、運び去る。

○走る救急車の中

秀一が、必死で、何かを思い出そうとしている。
唇が、ヒクヒクと動く。

○秀一の幻想（真っ赤なモノクローム）

大学一年の夏休み。
ポロシャツを着た秀一が、スローモーションで駆けて来る。
そうして、板壁の、貧しい家。

秀一が、家の方に向けて駆ける。
秀一の若い声「お父さん、お母さん！　ただ今ーッ！……」
画が、ストップ・モーションになる。

○走る救急車の中

救急隊員が、気配を感じて、脈や瞳孔を調べる。
隊員1、死を確認して首を振る。
隊員1「今、最後に、何か言わなかったか？」
隊員2「ウン、言った……確か、〝ただ今……〟と言ったな……」
隊員1、秀一の目を閉じてやる。

○星山助教授の部屋

星山が喋る。
星山「こうして、我々の友人、郷田秀一の消息が、十何年振りに確認されました。（目を伏せ）その時、彼は既に、死亡していた訳ですが……」
その時、〝あなた……〟の声があり、買い物の品を沢山抱えた涼子が姿を見せる。
星山「オオ、こりゃ、珍しいな。」
涼子「近く迄、買い物に出て来たもんですから……お邪魔でした？」
星山「イヤ、私も、もう帰る積もりだった。」
星山、白衣を脱いで壁にかけ、カメラの方を向いて、
星山「私達は、郷田の死の確認後、暫くして、正式に結婚しました。……私も、再婚では、ありましたが……いずれにしろ、我々には、郷田が何故、第二の人生を選ぶに到ったのか、その動機は全く判りませんでした。（涼子の方に）それじゃ、行くか……」
カメラの前から消える。

○郷田家・寝室（夜）

星山が既にベッドに入っている。

白いネグリジェ姿の涼子が、寝化粧を終えると、ベッドへ潜り込む。

両手を差し出して、それを迎える星山。

スタンドの電気が消され、室内に充実した二人の息使いが流れる。

カメラは、ベッドから離れ——

室外の庭に出て行く。

○そこには、燦々たる月光が、降り注いでいる。

（終）

○廃屋の風景のクレジット

映画制作意図…………………。

《月光》制作意図

〝一身にして二生を経るが如く……〟と語ったのは、明治八年（一八七五年）、『文明論之概略緒言』に於ける福沢諭吉であるが、この言葉は、それ以後の日本人が、大なり小なり感じざるを得なかった感概である。

太平洋戦争（第二次世界大戦）を間に挟んで、人生を真っ二つに分断された世代は勾論の事であるが、我々、戦後が自分の生とピッタリ重なる様な世代に於いても、この感慨は深い。何故なら、明治以後、すさまじい勢いで日本が果たして来た〝近代化〟〝西欧文化の採取〟と言えども、戦後の四十年間に於ける、そのスピードぶりは、他に類例を見ないものだからである。

早い話が、食べ物の種類が全く変わった。何千年と続いた農耕社会が、この数十年間の間に、殆ど壊滅状態にまで追いやられた。思考や行動様式の変化を、我々は、日一日の変化として体得して来たのである。

その結果、我々日本人は、自分達自身の目で見ても、実に奇っ怪な国民となった。統一した国家意志さえ持てない故に、大きな変革は、自分達自身の力では、何も出来なくなっている。唯一の取り柄である〝勤労の美徳〟も、国際社会の前では、一種の〝狡さ〟として、後ろめたさを感じざるを得ない。

本当に、我々は、一瞬たりとも、〝これが本当の自分だ！〟と、スッキリした感情で生きる事を禁じられている。

我々の映画の主人公も、この奇っ怪な現実に引き裂かれる様にして、戦後の日本社会を、或る意味では真面目に、そして有能に生きて来たのである。

然し、彼は、人生の途上に於いて、これ以上の前進が不可能である事を感じる。彼が、今迄に切り捨てて来た物が、得体の知れないものとして彼を襲う。彼は、〝自己処罰〟の願望に取りつかれる。〝切腹〟は、日本人が得意として来たものだが、彼が選んだ方法は、それとは異なるものであった。彼は、独特の方法で、自分とは別の人間として、第二の人生を送り、その中で自己を処罰したのである。

この男の奇っ怪な人生が、我々と〝無縁〟でないばかりか、日々、引き裂かれた人生を生きる我々そのものの姿である事は言うまでもない。そうして、我々の人生に、これといった上手《うま》い解決法が無いのと同じ様に、この男の人生も〝悲劇〟で終る。映画は、正に月光が、静かに大地を照らす如く、この男の運命を、黙って見詰めるだけである。

然し、今初めて、映画でここまで明らかにされた日本人像を、スクリーンに見詰めて、どんな日本人も、自分なりの解答を模索せざるを得ないだろう。そして、その解答は、今や、日本一国を越えて、国際的地平の上にしか発見出来ないのではないだろうか？

映画は、奇を衒わず……それだけに極く自然に、〝超現実的映画〟となり……国際的言語としての〝映画言語〟を、獲得する筈である。

一九九二年、九月——

童話

狐と千鶴子とハーモニカ

山の中の穴蔵に、コン吉という若い狐が住んでいた。コン吉は甘い物が大好きで、穴蔵の中も、柿やアケビ、野イチゴ等で一杯にし、これ等を食い散らしていたが、或る日こう叫んだ。

〝オラー、人間が食っている甘ぇもんを食ってみてぇー。まんじゅうとか大福とか聞いた事あるが、オラー、食った事ねぇ。よーし、オラー、人里へ、甘ぇもん食いに行くぞーッ！〟

× × ×

そうしてコン吉は、風呂敷包み一つを首に巻いて、苦労しながら山を下った。

そうして山を抜け出し、村の入口迄やって来た時、〝コン吉、何処へ行く？〟と声が掛かった。見ると――高い樫の木が一本あり、その上をトンビの爺さんが弧を描いて舞っていた。トンビの爺さんは、コン吉のお爺さんと幼馴染みで、もう百年もここに住んでいるのだった。コン吉が、〝人間の食べる甘いもんには、どんな物がある？〟と問うと、

〝羊かん、大福、水飴、チョコレート、カステラ、こんぺえとう〟と、答えた。そうして、〝まあ、人間世界は何かと物騒じゃから、気を付けて行けや〟と、言った。

×　×　×

コン吉はムシロを被り、畑に潜む。

畑の畦道を、母親と小さな女の子がやって来た。女の子の手には、あめん棒が握られていた。（！）女の子は片足でケンケン飛びをしながらやって来るが、危うく、転がりそうになる。その時、手にしたあめが、落下する（！）。

〝大丈夫？〟〝うん。あめ、落としちゃった〟

そのあめを、しっかり確保している、コン吉。

ベローッと舐めてみて、〝うめーッ！　人間て、こんなにうめえ物、食ってたのかーッ！〟

泣いて、叫ぶ、コン吉。

×　×　×

村の道をアイス・キャンディ屋がやって来る。一段低い畑の中を、密かに追跡するコン吉。

小学生達が三人、土手に並んでペロペロと食べ始める。その下で、よだれをたらしながら、見上げているコン吉。その内、一人の子供が、キャンディの大きな塊を地面に落としてしまう。〝アッ、しまった！　まぁ、いいや〟

ポーンと畑の中へ投げてしまう。シッカリ受けとめている、コン吉。

アイス・キャンディを、ペロリと舐めてみて――　〝ちべてーッ！　うめぇーッ！人間の子供って、こんなにうめぇ物食ってたのかーッ!!〟　ハラハラと涙を流す、コン吉。

×　×　×

アイス・キャンディ屋が自転車を漕いで、隣村へ移動する。見え隠れしながら、コン吉がこれを追尾する。
アイス・キャンディ屋が自転車を停めると、子供達が数人、買いに来る。皆、箱の上に、お金を置いて行く。最後に、コトン！と小石が置かれた。小父さんは気付かず——
〝ハイ、メロン〞
と、青い、美しいキャンディを差し出す。
〝何だ、これ!?〞小石に気付いた。見ると、遠くを狐が一匹、逃げて行く。小父さんは小石を手の中で弄んでいたが、これをポーンと投げる。
〝ゴチーン！〞
コン吉の頭に命中する。〝ハッハー、おれ昔、甲子園出た事あるんだ。まだ、腕落ちてねぇーな〞…自慢する小父さん。

× × ×

その夜——樫の木の下で…コン吉は持参していた怪我薬を頭にすり込んだ。
トンビの爺さんが説教した。〝人間の世界には、お金というものがあるんだ。お金でやりとりするのが、商品だ。お金というのは、丸くて硬い奴と、紙片で出来たものだ。まあ、わし等の若い頃は、小判というような物があったが、今では大体、この二種類で統一されておる〞
それを聞いて、なにやらほくそ笑むコン吉。
〝まあ、こんな物で品物をやり取りするというのも、人間の社会は信用というもので成り立っているからだ〟

×　×　×

次の日——町の小さな神社の境内。

〝幼馴染みの清さんと、どうぞ結婚出来ますように〟

町の小娘が手を合わせ、賽銭をチャリンと投じると、立ち去る。コン吉の登場。賽銭箱へ手を突っ込むが、仲々手が届かない。焦っていると、神主が向こうからやって来る。大慌てで手だけ抜き去り、姿をくらますコン吉。

〝この馬鹿息子が、来年高校へ通りますように〟…中学生の息子を連れたおかみさんが手を合わせる。賽銭を息子に渡す。息子、賽銭を投げるが、箱から外れた場所に落ちる。

〝ちゃんと、投げんか！〟

息子の頭をこずいて、二人、退場。

〝へっへ…〟…賽銭箱の奥に、麦わら帽を逆さに乗っけたコン吉が潜んでいる。帽子を外して降ろすと、見事、硬貨が一枚入っている。

〝へっへー…〟大喜びのコン吉。

×　×　×

暗い露地…電柱の下に、綿あめ屋が店を開いている。小さな子供達が、何人も綿あめを買って行く。コトン！と、台の上に硬貨がおかれた。随分背の低い子だ、それに頬かぶり等している。〝どうした坊…頬かむりなんかして…これから盗っ人にでも入るか？〟親爺がひやかして、〝ホイ…〟と、綿あめを渡す。

それを握って、一目散に走り去るコン吉。

何となくけげんな表情の親爺。

夜の道――

夢のようにふんわりとして美しい綿あめ。

コン吉が、ソッと口にする。

〝クソーッ…人間て、こんなうめえ物食ってたのかーッ〟

と、又、泣く。

〝でも、オラー、このままじゃ、悪の道へ入って行きそうだ…〟

× × ×

次の日――快晴の空。

町外れの駄菓子屋〝田中屋〟。

道一つ隔てた田んぼの中に、コン吉が潜んでいた。〝何といっても、菓子となると田中屋だな…あそこには大福があるからな〟

コン吉が様子を窺っていると、田中屋の息子・了介が、学校を終えて帰って来た。そうして、ガラッと戸を開け、カバンを放り出すと、大福を一つつかんで、出て行ったではないか。(!)

〝アイツ…お金も置かないで、大福持ってった!!〟

それから暫くして…

コン吉も戸を開けて中に浸入。〝どうした、了介、忘れ物でもしたのかい〟と、奥からおかみさんの声。コン吉、大福を一つ掴み出しながら、〝コン、コン、コン…〟と、答える。〝どうしたい変な声出して。風邪でも引いたのかい？〟

店に顔を出すと、狐が一匹逃げて行くところ。〝コラーッ、泥棒ギツネーッ！〟表まで飛び出し、近くにいた了介に、〝その狐をつかまえておくれーッ！〟と叫ぶが、コン吉は了介の脇をすり抜けて、逃げ去る。

村外れの田んぼの脇で、コン吉が涙を流しながら、大福を頬ばっている。

〝うめぇー…うめぇー…〟

× × ×

学校の側の道…下校時の中学生達が、ガヤガヤと歩いて来る。中に数人、あんパンを食いながらやって来る。ひょっこり顔を出す、コン吉。

中学生達、狐に興味を示して、パンの切れ端を道に放ってやったりする。それを拾い食いする、コン吉。かなり浅間しい姿だ。

コン吉、パンの大きな塊をくれた中学生の側へ、へばりついて歩く。

〝へッへ…あなた、いい人ですね。尊敬すべき人ですね…私、あなたの為なら、家来にもなります〟と、おべんちゃらたらたらと、ぬかす。

その時、了介が——

〝オーイ、その狐つかまえてくれーッ。泥棒ギツネなんだーッ！〟

コン吉、慌てて逃げようとするが、…中学生達に囲まれて、ボコボコ…とうとう棒に縛られてつるされてしまう。

〝どこで料理するか〟等と中学生達が話しているところへ、…一人の迫力のある少女が、登場。千鶴子だ。

〝動物をいじめるな！　可哀いそうでねぇか！〟と、一喝する。そうして――

〝放してやれ！〟

〝そうはいかない。大福盗んだんだから〟

中学生達は、ブッブッ抵抗する。

〝それじゃその狐、おらに売ってくれ。幾らだ？〟

〝三百円だ〟

〝駄目だ。百五十円だ！〟

千鶴子は金を取ってくるから待ってろと言い置いて急いで家に帰って行く。

× × ×

金を払ってコン吉を譲り受けた千鶴子は、山への入口の辺りで、コン吉を放してやった。

〝サァ、山へ帰りな〟

……

千鶴子はお爺さんと二人で、水車のある家に住んでいた。

その夜――家からは、千鶴子の泣く声が聞こえた。さすがに、貯金箱が空になってショックだった。

〝又、ハーモニカが買えなくなった〟

そうして、お爺さんの、〝又、貯めたらええがな…わしの仕事を手伝うてくれたら、毎日駄賃をやるで〟

〝ウン…〟、千鶴子は頷いた。

そんな様子を…近くの草むらからジッと聞いているコン吉の姿があった。

× × ×

それから数ヵ月して…木枯らしの吹く季節となった。

千鶴子が水車小屋へ袋を担いで運んでいる。と、お爺さんが〝小包が来ている〟と言った。

千鶴子が包みを開いてみると…何と中からは、ピカピカのハーモニカが出て来た。（！）

そうして、手紙が入っており…

手紙にはつたない文字で、こう書いてあった。〝私はあなたに助けられたキツネです。このハーモニカは、樫の木の下に埋めてあった小判で買ったのです。私のお爺さんが私の為に埋めておいてくれたそうです。トンビのお爺さんが教えてくれたのです。決して盗んだものではありません〟

そうして、最後に…〝文字も、勉強して覚えました〟と書かれてあった。

その夜——千鶴子は、窓を開け、山の方を見ながらハーモニカを吹いた。

〝ミカンの花が、咲いている…〟

その夜山では初雪が降ったが、千鶴子の吹くハーモニカの音は…山のコン吉の耳にも届いたろうか。

＊みつはしちかこ編集による一九七五年創刊の雑誌『チッチ愛の絵本 いつかどこかで』誌上で連載されていた童話の未発表作品。

未映画化シナリオ…………。

イン・ザ・ホール

脚本……沖島 勲

登場人物…………………………。

西村 実　二十一才
〃 淳　十八才
紀子　二十才
石井　二十一才
絹子　十九才
赤石京子　二十一才
美千子　二十才
遠井　二十二才
母親A
〃 B
〃 C
部員A
〃 B

〃 C
〃 D
〃 E
春子
秋子
キーさん
女給A
〃 B
〃 C
ミー子
澄子
店の者
母

K子
女生徒
店の女
店の男
番頭
牧野
女
男
おかみさん
主人

1
東京駅プラットホーム
実の顔の大写し。
ひげは伸び、髪の毛もボサ〲としている。
目はキョロ〱周囲を探している。
「兄さん」という声に驚いてうしろを向く。
実と淳の顔が大写しとなる。
実「やあ、とう〱来たな。疲れたろう。」
淳「兄さんこそ随分疲れてるみたいだよ。どうかしたの？」
実「え？　俺はこの通り元気だ。」
淳「そう、変ったね、兄さん。やせたよ、すごく。」
実「あゝ、太りはしないよ。お前御飯は？」
淳「未だ。」
実「じゃあ行こう。」

2
東京駅地下。（タイトルバック）
階段を降りて、出口の方へ歩く実と淳。
チェックのスーツケースをさげた淳は学生服をがっちりと着て体格も良い。
実はダスターコートのえりを立てている。

3
夜の東京に、輝くネオンサイン。
タイトル続く。

4
駅の前
大きなネオンを見上げる二人の後姿。

5
歩道
歩く二人。
タイトル続く。

6
レストランの前。
ウインドウを覗いて選んでいる二人。
タイトル終る。

7　レストラン

二つのコップ。波々とビールがつがれる。
実の声「さあ、乾杯だ。入学お目出度う。」
淳の声「ありがとう。」
カメラは二人をとらえる。
淳「兄さん、停学処分てのはもう解除されたの?」
実「未だだ。」
淳「でもやっぱりやってるんだろう?　これ(デモの恰好をする)」
実「やめたよ、もう。」
淳「へえ、どうして。じゃあ毎日退屈だろう。何やってるの、何時も。」
実「バイトしたり本読んだり、まあブラブラだな。時には飲みにも行くけれど、一人じゃな……。お前、大学では何やる積りなんだ。」
淳「ラグビー続けるよ。決めたんだ。他に何も興味ないよ。球を追って走る時だけ夢中になれるんだ。何もかも忘れていられるんだ。兄さんも学生運動やめたのならスポーツやれよ。体だってしっかりするしさ。」
実「駄目だよ俺は。見ろこの腕。スポーツのやれる体じゃない。」
淳「何処か悪いとこあるの?　体……。」
実「さあ……。どこもかしこもおかしいよ、最近は。」
淳「停学がショックだったんだな。」
実「まあね。あゝ、母さんは元気かい?」
淳「(急に暗い表情になりあわててタバコに火をつけると)元気だよ。」
実「親父が死んでもう丸々一年になるな。思ったた程母さん気を落さなかったから、それでも安心だ。店の方どうだ?　繁盛してる?」
淳「あゝ」
やはり暗い表情である。
実「俺の停学は随分ショックだったろうな。最近手紙もあまり来ないし、ちょっと心配だったんだ。親父の死に息子の停学と続いたんじゃな……。」
淳「(腹立たしそうに) 元気だよ。」
実「あゝ、安心した。飯食ったらちょっと油入れに行こうか。バイトの金が入ったし、最近はあまり使う事もないからな。」
二人、無言で食べ始める。

8 洋酒喫茶〝メディシャン〟

小さな店。若い冷たい顔をしたバーテン(遠井)が無表情にシェーカーをふっている。実、かつての仲間遠井に気付いてびっくりするが、遠井は冷くチラッと実を見ただけだ。
淳「(マッチのレッテルを見ながら) 変な名前だな、この店。何だいメディシャンって。えゝと、何だっけ……?」
バーテンに聞く。バーテンあいまいに微笑するが答えない。
淳「そうだ。薬。何だい、薬ってのは。」
実、厭な顔をしてチラッとバーテンの方を見るとハイボールを飲む。バーテンも実の方をちょっと見る。
実「(遠井の顔を見ないで) どうしてこんな商売始めたんだ。」
遠井「(実の顔を見ずに) 俺のような人間に薬を与える為だ、君も、どうやら必要らしいな。」
実、ストレートを顔をしかめて一息に飲みほす。
遠井「(実の顔をのぞき込んで) どうだ、苦いか。苦くても飲めよ。今夜はおごるよ。かつての同志だ。英雄だったなお互に。」
実、力なく遠井の顔を見てうなづくとタバコをくわえる。遠井素早く火をつけてやる。

まゆをひそめる実。

9 実の下宿部屋

壁にビュッフェの絵がはってある。六畳の小さな部屋。

本箱、机、ラジオ等々が並んでいる。

実「これが我等のホームグランド。汚いけどな、部屋代四千円プラス、ガス、電燈代八百円てのは安い方なんだ。ただし、ちょっとうるさくて……。もっと静かな所に見つかったら又かわっても良いし。」

淳「いいよ。あまり静かなのはいやなんだ。うるさい位が東京らしくって良いよ。」

実「入学式は何時だ?」

淳「八時集合。八時半開会。」

実「じゃあ出発は七時半だ。寝ようか。」

実、布団を敷き始める。

淳、机の上の父の写真に気附いて暗い目をするがタバコを窓からすてると外をじっとにらむ。

10 入学式場

生徒の代表が宣誓を読み上げている。

式場をガタ〳〵出てくる父兄。

母親A「入ってくれなきゃ困るし、入ったら入ったでまたお金でしょ。一辺にはとても無理だし……。前期だけで十四万。一体何に使うのか、ひどいもんですわねえ。」

母親B「あら、お宅の坊ちゃんも補欠でしたの。うちの子も補欠なんですよ。ちゃんと入れば半分で済むんですってね。」

母親C「みんな補欠らしいですわ。何しろそうして沢山お金を取る積りらしいですよ。十何倍だとか何とかって、これじゃすべる人なんかいないんじゃないかしら。」

11　校庭。

淳「じゃ俺ラグビー部の方のぞいて見るよ。」
実「あゝ、先に帰るよ。家庭教師行くから帰りは五時頃だ。昼飯は学生ホールででも食べろよ。」
淳「じゃ」
　淳去る。実煙草に火をつけると歩き出す。
　「実さん」と呼ばれて実ふり向く。
　かつての恋人紀子が走り寄る。
実「やあ、君か。」
紀子「久しぶりね。今日は、何？」
実「弟の入学式に出たんだ。」
紀子「あら、弟さんもこゝに入ったの。ちょっと自治会室に寄ってかない。」
実「よすよ、今日は。バイトがあるんだ。」
紀子「ちょっとでいいからいらっしゃいよ。皆な本部へ打ち合せに行って私一人で留守番なんだから。ねえ。」
　紀子、実の手を引っ張る。実しぶ〳〵ついて行く。

12　自治会室

　壁には「安保批准阻止の為最後迄闘おう」と大書したはり紙。
　足の踏み場もない程ちらかっているアジビラ。
　紀子、牛乳を一ぽん実に与える。実それを受取って飲む。
紀子「すっかり温くなっちゃった。あの時はまだずい分寒かったわね。実さんまだオーバー着てたもんね。なにもかも、すっかり変ったな……。」
実「……。」
紀子「ねえ、どうしてるの今頃。あれ以来何の連絡もないんだもの、心配してたのに……。毎日何してるの？」

実「バイト以外は毎日ゴロ〳〵している。退屈だよ。退屈で〳〵息がつまりそうだった、始めのうちはね。おかしなもんだ、結構慣れちまったよ。今じゃ何するのも億劫でやる前に退屈してアクビが出て来るんだ。」

紀子「ぬけ出す気は無いの？　もう帰って来ない積り？　委員長の実さんはこんなふうだし、俊ちゃんは怪我をしてるし、遠井さんはその後どこにいるのかも判んないのよ。このままじゃうちの自治会はつぶれてしまうわ。停学が何よ。私達がやらなきゃならない事、あなたの方が良く知ってるはずよ。停学解除の要求だって、本人がこんなふうじゃ元気が出ないってみんな言ってるわ。」

実「俺はもうやれない。考えて見ろ。俺の停学はもう二度めだ。今度かかれば必ず退学だよ。俺は卑怯者だ。日和見だよ、徹底的に……。だけど俺はやれない。卒業して就職したいんだ。卑怯者でも逃避者でも良い。とにかく俺はそうしなきゃならないんだ。」

紀子「じゃあ私達はどうなるの？　あなたに裏切られた学友はどうするのよ。」

実「裏切り者はしめ殺せよ。みんなでぶん殴ってみろ。それが出来たら俺の気持も変るかもしれない。誰も出来ないんだ。やる勇気がないんじゃない。皆多かれ少かれ俺のようになるのを見透しているんだ。俺に面と向かって〝卑怯者〟と云えないうしろ暗さをみんな持っているんだ。君も今にそうなるよ。そしたら、そこで又仲間になるさ。弱い者同志温め合おう。今の君は俺には強すぎる。俺は恐いんだ。君の勇気に怯えているんだよ。本当は。」

紀子「わかったわ。あなたは回復困難な病気にかかってるのよ。私の事は心配しないで。決してくじけないわ。あなたの望んでいる仲間には絶対ならないわよ。」
実「そうかい。結構だよ。それに越した事は無い。きっぱりとしたよ。君と俺との間には取り返しのつかない溝が出来たんだ。英雄と敗北者。（煙草に火をつける）じゃ、帰るよ。」
紀子「…………」

13　校門

しょんぼりと出て行く実。〝安保阻止〟のビラを悲しい目で見ると力なく校門を出る。

14　家庭教師先の娘の勉教室

板の間。部屋中ゴタ〳〵と飾りがつけてある。

机に両側から向い合っている実と娘。（絹子）。

絹子「雨だわ。」

夕立ちが激しく降っている。

絹子立上って窓をしめに行く。右足はびっこをひいている。小児麻痺である。

実、その足をぼんやり視めている。

実「雨か……。夕立ちだな。」

絹子「レコードでもかけない。」

実「あゝ、いいよ。」

煙草に火をつけるが目は足の方を見続ける。

モダンジャズが流れる。

絹子、目をとじて椅子に腰かける。

実「驚いたな。君こんな音楽好きなの。」

娘（絹子）「音楽の中では私動きまわっているわ。行動するの、すごく。モダン・ジャズって現代人のものじゃないわ。現代の人間は気違いのように働いているわね。浮かれたロボットみたいだわ。そんな人間はジャズを嫌うわ。子守歌が一番ぴったりするのよ。モダン・ジャズは私のような人間にあうの。あなたもお好き？　こんな曲。」
実「さあね。どう思う？　好きかな。」
絹子の手を取って顔を覗き込む。
絹子「好きになるわよ。きっと……。」
実「じゃあ君の仲間だ。僕も好きさ、この曲。仲間じゃおかしいや。恋人かな？」
絹子の頬に唇をあてる。
実「足が不自由なのつらいだろう？」
絹子「同じ事よ。あったって使わない人が随分いるわ。」
実、接吻しようとするが「バタ〳〵」という音に驚いて放れる。
絹子「あゝ、チロ〳〵、よし〳〵、雨に驚いたのね。可愛そうに。」
絹子の着物の肩にとまった小鳥を、絹子は頬ずりしながらなでている。
絹子「この鳥病気なの。カゴに入れるといじめられるから部屋で飼ってるのよ。可愛そうなチロちゃん。」
実「それも君の仲間だな。弱々しい仲間。」
絹子突然小鳥を羽がいじめにして締付ける。抵抗する小鳥。実驚く。
絹子「私より弱いわ。だから好きなのよ。私より弱いものが大好き。」
絹子の目に残酷なきらめきが宿るのを見て実は顔をそむける。
モダン・ジャズの音。

15　運動場

雨上がりでほうぼうに水溜がある。
タイトスクラムの中にボール入る。
出たボールはバックへまわされる。
追う淳。
ボールは次のバックへ。更に次へ。
淳追う。タックルする淳。倒れる二人。

16　ラグビー部屋

部員荒い呼吸を繰り返すだけで誰も口もきかない。

裸になって体をふく。

キャプテン石井「（淳に）どうだ、バテたか。」

淳「大丈夫です。」

石井「お前のタックル割合きくな。高校では相当やったな。」

淳「はあ、勉強はさっぱりやりませんでした。」

他の者もようやくしゃべり始める。

部員A「おい、ちょっとタオル貸せよ。」

部員B「おうっ」

Aの方へ投げてやる。

A受け取って顔の汗をぬぐう。

A「なんでえ、こりゃあ。汚ねえな。」

B「サポーターだよ。」

A「ペッ」と唾をはくと「畜生」と言って投げ返す。

どっと上る歓声、

秋子「相変らずにぎやかねえ。」

イカレた服装の秋子と春子顔をのぞける。

C「あーら。いらっしゃったわよ。スーさんにキーさん。良い事。」

D「やけるわよ。」

D、スーさんの体をピシャッとたゝく。

一年生達、二人を珍し気に盗み見る。

二人、遠慮なく入って来る。

春子「あゝ、臭い〳〵。男臭いわ。」

秋子「まんざらでもないわ。」

歓声上る。

石井「今日は何処行きだい。」

秋子「さあね。」

C「彼疲れてるぜ。あまりいじめるなよ。練習があるからな。」

秋子「適当にするわよ。」

又歓声。

キーさん「外で待ってろ。そこにつっ立ってちゃ着換えも出来ねえや。」
春子「じゃ校門にいるわよ。あーら、可愛い一年生ねっ。」
春子、淳の背中に「チュッ」とキスする。
歓声。
石井「からかうのはよせ。」
春子を押し出す。

17 同部室

皆着換えを終りキャプテンの話を聞いている。
石井「明日は三時から練習だ。サボらないように、全員来る事。一年生は疲れたろうから、帰ったら風呂に入ってすぐ寝ろ。今晩はぐっすり眠れる。一週間たてば馴れてしまう。じゃ、御苦労さん。」
部員「御苦労さん。」

キーさんとスーさん、奇声を上げて真先に跳び出す。

18 実、淳の下宿。

カマやナベを並べて二人、食事をしている。
実、煙草に火をつけ新聞を読み始める。
淳「もう食べないの？」
実「あゝ、食欲が出ないんだ。」
淳は一人ですごい勢いでかき込んでいる。
実「どうだ、ラグビーは。」
淳「久し振りに走ったらグッタリだよ。眠りたいだけさ。」
実「石井っているだろう。」
淳「キャプテンだ。」
実「気を付けろよ。あいつには。」
淳「……」
実「右翼と関係があるって噂だ。」
淳「へえ、そう。」

実「どうだ。寝る前にブリッヂでもやらないか。」
淳「十ランド位なら付き合うよ。」

19　同部屋

二人布団の中に入っている。
ブリッヂをやっているが実の勝ちが続く。
淳「だめだ。眠くってカードが見えやしない。」
実「ほい、上り。」
実カードを切る。
実「自治会の説明聞いたか?」
淳「あゝ。」
実「どうだった?」
淳「寝てたよ。面白く無かった。」

20　看板

〝安保批准を我々の手で阻止しよう。〟の大写し。

21　学生の顔

学生「学友の皆さん。今や我々は重大な危機に直面しています。岸反動内閣は我々大衆の反対をよそに、強硬にアメリカ帝国主義と手を結び安保条約の改定を進めております。」

22　紀子の顔

大写し。
紀子「皆さん。署名をお願いします。私達の声を国会へ伝えましょう。私達学生の力で安保批准を阻止しましょう。学友の皆さん、署名をお願いします。」

23　実の顔。大写し。

実「寝てないんだ、昨夜。弟のいびきがうるさくって……。安眠妨害だな。よくあんなに眠れるもんだ。馬鹿じゃないかと思えるよ。君、夜ぐっすり眠れる?」

24　絹子の顔。大写し。

絹子「へえ、眠れないの、あなた。何か悩みでもあるのね。私には悩みなんてないわ。考えないでいるのに慣れたのよ。あなた、顔色悪いわ。土色よ。」

25　淳の顔。大写し。

髪をなびかせ、汗がだら〳〵流れている。はく息が荒い。

26　運動場

何かにつかれたように、淳走る。
タックルをきれいにはずして更に走る。
もう追う者もいない。
トライする。

27　キャバレー〝春美〟

ラグビー部員が十人近くワイ〳〵騒ぎながら座を占める。
他の客、けげんそうに、少しおびえたような表情でこの連中を見る。
女給達「いらっしゃーい。」
女達五、六人が部員の間に割って入る。
女給A「石井さん、しばらくね。滝ちゃんが寂しがってたわよ。」
石井「今何処にいるんだい、あいつ。」
女給A「さあねっ。石井さんあまりつれなくするから浮気でもしてんじゃないかな。」
石井「チエッ」
乱暴にシートに坐る。
部員D「おうっ、ビール！　ジャン〳〵持って来い。あゝ、まあ、俺と二本で良いや。」
部員E「チエッ、シケてやんの。」
女給達ビールを注ぐ。
石井「春期リーグ戦の勝利を期してっ。乾杯っ‼」

女給、部員一同「乾杯っ!!」
女給の一人、一杯めをぐいと飲み干すとすぐ注ごうとする。
部員D「おい、あんまりピッチ上げるなよ。お手上げだあ、こっちが。」
隣のボックス。
女給B「あら、その本何。教科書? 感心だ事。うーん、〝経済学及び課税の原理〟難しい名前ね。何書いてあるの? これ。」
部員A「知らねえよ。読まなくったってさげてりゃあ良いの。花みてえなもんよ。女の子はこの方にたかって来らあ。なあ。」
部員B「賛成。あら、こちらの本も教科書なの。まあーステキ。〝大人の漫画〟イカスわ。〝東洋お色気……〟。」
部員A「うるせえな。お色気ならこちらのおねえちゃんに任せとけってんだ。いゝオッパイだな。」
女の胸に手を突っ込む。
女「キャーッ」と派手な声を上げる。
隣のボックス。
キーさん「初任給一万とんで二百円。丸々小使いとしてもだ、一本三百円のこのビールたったの、えーと何本だ……。」
女給C「四十本」
キーさん「そらよ。え? その為にだな、朝から晩迄汗水たらして、課長の御機嫌をうかがいながら働けるってのか。え?」
部員C「だからどうしろってんだよ。」
キーさん「だから俺のように……。」
部員C「二年も落第しろってのかよ。」
女給C「あら、じゃあんた六年生?」
「ワッ」と歓声。
キーさん、顔をねじってしぶい顔。
隣りのボックス。
石井「西村、酔っ払ったか。え? おい、何考えてんだ。」
淳「(あわてゝ) 別に……。」
石井「そうか。よし、じゃもっと飲め。」
　石井の注いだビールを淳一気に飲み干す。
石井「いゝ飲みっぷりだ。(注ぎながら) 昨日は
　帰って何した?」
淳「(けげんそうに) すぐ寝ました。」
石井「うん、そうだろう。練習して、帰ってす
　ぐ寝る。それを毎日続ける。次第に頭は空っ
　ぽだ。ふん、しかし考えるよりましだ。考え
　てたらろくな事はないからな。さあ、飲め
　〳〵。お前女知ってるか? え? 知らない。
　よーし、じゃあ今晩こいつと寝ろ。ミー子、
　この坊主、可愛がってやれよ。」
　ミー子という女給、体をよじって笑う。
ミー子「いゝの? こんな可愛い坊や傷物にし
　ちゃって、随分酔ってるわ、大丈夫? あな
　た。」
　ミー子淳の顔を覗き込む。淳うつろな目で
　その顔を見る。
　女、ウインクする。
淳「僕もう帰ります。」
　フラ〳〵立ち上る。
石井「おい、じゃ送ってってやれ。看板だろ?
　もう。しっかり温めてやれよ。童貞野郎も悪
　かねえだろ、ヘイッ!」
　石井、ミー子の尻をピシャリとたゝく。

(WIPE)

28　温泉ホテルの一室。

　狭い部屋は殆どダブルベッドで占領されて
　おり、赤と青のランプが奇妙にベッドを照
　らしている。女はベッドにうつむせにたお
　れている淳を視めながら、一枚〳〵着物を
　脱いでいく。

29 同部屋

ベッドの中。

暗い中に動めく二つの白い体。

女のクッ〳〵という笑い声。

30 実と淳の下宿部屋。

実、眠れず、窓の側に立ってぼんやりと煙草をすっている。

電車の音。酔っ払いのわめき声。

いらただしそうな顔の実。

ラジオのニュース「今日午後三時頃、横浜市戸塚区中田町、明月荘七号室の横浜大学三年生、野内弘さん二十才が睡眠薬を飲んで自殺しているのを同管理人高橋さんが見つけもよりの病院に急行しましたが五時三十分頃息を引きとりました。なお遺書らしい物はなく、壁に〝大儀になった、死ぬ〟と赤いマジックインクで書いてありました。」

再び電車の音。

実、睡眠薬を手に取って視めるがポイと畳の上に捨てる。

ニュース続く〝……今年ですでに七人めの死者を出した困難な壁で、長野県の警察署では、登山者に注意を呼びかけています。〟

31 窓の外

実の部屋から道をへだてて立つ家の2階の部屋。

女が物憂気に服をぬいでいる。

実見ているが、女、パンティ一枚になるとカーテンをしめる。

32 校庭

学生集会が開かれている。

自治委員が安保反対統一行動の説明をしている。

学生達の表情はけわしく、真剣な目。

自治委員の演説にとぶヤジ、拍手。

ジェット機が２機、白い線をひっぱって青空をつっ走っているが学生達は一人も気付かない。

33 ラグビー部室前

淳と石井が並んで空を行く白い線を仰いでいる。
石井「西村、お前政治に興味あるか？」
淳「ありません。石井さんは？」
石井それに答えず。
石井「昨夜の女どうだった？」
淳「……」
石井「女なんてつまらんもんだ。お前も段々判って来るよ。肉と肉がくっつくだけだ。何もない。生物の実験みたいなもんだ。俺は次第に興味がなくなっていく。女だけじゃない、何もかもだ。俺達は今迄希望とか夢とかって物を一度も持った事がない。何故だと思う。政治だよ。政治をひっくり返さないと、何にも、どうにもなりゃしねえ。」
淳「じゃあ、どうして学生大会にでも出ないんです。」
石井「出てどうする。あれが一体何になるんだ。何にもなりゃしねえ、何も変りはしねえんだ。同じ事が続くだけだ。デモって、パクられて、あげくのはては食いっぱぐれて、しかも奴等のワメキなんか屁みてえなもんだ。馬鹿な連中だ。」
拍手が聞こえる。

34 キャバレー〝アントワネット〟

強烈な音楽。

さっとスポットがあてられると半裸の女の下半身。

大きく揺れる。
女踊り出る。激しくふる体。
客の目。享楽を求めてギラ〳〵している目。
淳、女を見つめている。

35

同キャバレーのホール

石井女を抱いて踊っている。
ねっとりとからみつくようなブルース。
スローにスローに流れる。
うっとりとしたように抱きついて踊る女に
石井の冷い無表情な顔は対照的だ。
石井を見つめる淳。
曲は激しいルンバに変る。

36

同キャバレーのボックス

ぐっと空をにらんでいる淳を見つめる石井。
石井「お前は俺に似ている。」
淳びっくりして石井を見る。
石井「お前の顔には何時もガンのように暗い影
がある。俺の目はごまかせないぞ。お前には
あるな。思い出だ。暗い暗い心臓に焼き付い
ている思い出だ。頭にこびりついてはなれな
い物が……あるだろう。」
石井の鋭い目に淳耐えられない。
石井「俺に話してみろ。誰かに話したくて待っ
ていたはずだ。俺が聞いてやる。」
淳の目も鋭い。淳目をふせる。

37

淳の回想

高校の運動場。
軽快な音楽に乗って上ったバレーボールは
青空に躍動する。
トスする澄子。
女子バレー部員の懸命な練習。
ショートパンツからスラリと伸びた美しい
足、小麦色の肌に輝く汗。

コートにラグビーボールがころがり込む。

淳「おーい、ちょっと頼むよ。」

澄子、微笑んでボールを淳の方に投げてやる。

38 堤防

川から涼しい風がふき上げて来る。

ワイシャツに制帽の淳。真白いブラウスにスカートの澄子。手にはカバンとバレーボールをさげて二人歩いている。

楽しそうに語っている二人。

淳「じゃあ、ちょっと僕の家寄れよ。」

澄子「うん。だけど本借りたらすぐ帰るわよ。あゝそれから小母さんに、おくやみ言わなきゃ。」

淳「ちえっ。女の子って一人前の口きくんだな。」

淳、澄子の手を取って堤防をおりる。

39 淳の家

淳「ただいま」
小さな靴屋である。
店の者「おかえりなさい。」
淳「かあさんは？」
店の者「客間でしょう。問屋の守屋さんがみえてますから。」
淳うなづくと澄子を連れて2階に上る。

40 淳の勉強部屋

本を選んでいる二人。
澄子「これ借りるわ。」

41 廊下。

淳「仏様なんて、古いんだな、案外。」
澄子「だって……。お線香あげるのよ、小父さんに。」

42 居間

淳障子を開ける。
乱れた着物のすそ。母の白い足。からみ合った男と母を見てしまう二人。
母あわてて前をあわせる。
澄子本を投げ出して走り去る。
淳、憎悪に燃えた目で母をにらむ。
母「お前……」
にらみつける淳。震えるこぶし。

（回想終る）

43 〝アントワネット〟のボックス

カラ〳〵と笑う石井。
石井「俺の二代目だ。確かに俺の弟になる資格ある。え？　それからどうした。毎日々々悩んだ。どうにもならなかった。ラグビーにます〳〵身を入れた。そうだろう。」
淳うなずく。
石井「俺の親父はバーを持ってる。俺はバーの薄暗いライトの中で育った。ひねくれて乱暴だったし親父は俺を一度だって可愛がってくれた事はねえ。お袋は終戦の年にポックリいった。俺はうちの店の子が好きになった。いわゆる初恋てえ奴だ。そして女を始めて知った。その女《こ》と……高校一年の時だ。半年位続いたか俺はある晩女と親父がやっているのを見たんだ。女はうれしそうに呻いてやがった。足が伸びて、ふるえていた……。俺もお前と同じように悩んだ、けどどうにもなりゃしねえ。それからやったんだ、ラグビー、酒、女、喧嘩。考える事をやめたんだ。そうして俺は復しゅうした。親父を半殺しに殴って、女はパン助に売りとばしてやった。考えて、めそめそして何もやらねえより何かやるんだ。酒を飲んで頭を麻痺させてでも思いきりぶつかるんだ。」

（WIPE）

44　同じ場所

石井と淳、ホールで踊っている男女を見ながら話している。

淳「あの外人と踊っている女、白いドレス着た奴、ちょっとイカすな。随分大きな指輪してるけど本物ですか、あれ……。」

石井「本物だ。外人の情婦はシャレた指輪をもってやがる。人生総て色と欲か……。ちょっと金を握ると、鼻の下の長い連中は女に指輪をはめて満足するんだ。糞くらえってんだ。こん畜生。」

二人の間にさっと女の手が突き出される。

指に赤い大きなルビー。

二人驚いて振り向く。

笑いながら立っている赤石京子。

京子「指輪がどうしたの、ねえ」

石井の横に坐ると指を石井の前に出す。

石井「美人にこれがありゃ鬼に金棒だっていってたのさ。」

京子「フッ――。紹介してよ、石井さん。」

石井「あゝ、西村淳。フォワード・センター。フォワードにあつらえた体だ。脚も良い。えゝと、こっちは赤石京子。二十一才。未婚。仲間だ。」

京子と淳「よろしく」

石井「今日はお連れはないのか。ふられたのか。」

京子「まいて来たのよ。いやらしいったらありゃしない。酔ったふりして下品な踊りを始めるし。」

石井「いやって顔でもないぜ。」

京子「相手によりけりよ。これくずれらしいの。（ボクシングの真似をする）使い物にならなくなるし、効く口もないしで親父のとこに泣きこんで来たのよ。それよりさ、今晩どう。空いてんじゃないの。（淳に気付いて）あら、失礼。ちょっと。」

石井をひっぱって階段を降りる。

45　廊下

植木がかなりある。薄暗いライト。
京子「どう？　これから。車あるのよ。」
石井「だめだよ。今日は。」
京子「あの子？　まけばいゝじゃない。一年生でしょ。可愛い顔してるわ。」
石井「チェッ。とにかく今晩はだめだ。今度つきあうよ。」
京子「残念ね。じゃ今度の土曜日ドライブしない。ミッチィ連れてくから今の子もさそってらっしゃいよ。一泊旅行、悪くないでしょ。」
石井「あゝ良いよ。又電話するから、じゃ。」
京子、行こうとする石井の手を引き寄せて接吻する。石井両手で女の腰を強く抱きさっと放す。
京子、はなれると手を振って行く。

46　さっきのボックス

淳ぼんやり石井を待っている。
石井「よお、失礼。」
淳「誰ですか、あの女《ひと》」
石井「京子か。右翼の顔役の娘だ。（淳、チラッと石井の顔を見る）誰とでも寝る女だよ。何の事あねえや、右翼の親父から出るべき娘が出たってやつだ。頭の悪いあそこだけ発達して、年中発情してやがる。成り上がりの親父じと同じで、金の使い方も知らねえんだ。奴と寝たら必ず金をくれるよ。おかしくって仕方ねえや。」
淳「どうしてそんなに厭な女と遊ぶんです。石井さんは女に興味が無くなったって言ってたでしょう。」
石井「あゝ、実際俺は女は厭になってる。うんざりだ全く。だけど俺はあの女を通して奴の親父を利用してやるんだ。その金をな。ハゝゝゝゝ。その内判るよ。俺は始めからお前をマークしてたんだ。俺の仲間になる資格があると思ってた。どうだ西村、俺と一緒にやらないか。」
淳「何をです。」
石井「（それに答えず）よし、今晩はもっとまわろう。俺の下宿にとまれば良い。」
煙草に火をつけて立上る。石井も実と同じによく煙草をすう。
石井レジで金を払うと出る。

47 〃アントワネット〃の前。

石井、何か怒鳴りながらぶつかった酔っ払いを軽く払う。
路上でワメいている酔っ払い。

48 石井のアパート

淳は壁にもたれて部屋を見回している。
淳「豪勢な部屋だな。僕とこなんか……。」
ベッドをしきったカーテンからこちらを向いたライフル銃口に気付く。
石井出て来る。
淳「本物ですか、それ。」
石井「革命はバクチだ。一か八か。はるかはらねえかだ。このライフルが火を吹く日がきっと来る。」
石井ニヤッと笑うと再び淳にかまえてみる。
石井「さっきの女な、京子……。」
淳「えゝ。」
石井「野郎の親父はこの辺のちょっとした顔役だ。新興右翼ってえとこだ。俺は有能な若い子分、とむこうじゃ思っている。とんでもねえ話だ。おれは利用してやるだけだ。奴等を徹底的に。右翼って知ってるか？　デモとか何か騒ぎのたびに殴り込みをかけてる連中だ。金をもらってワイ〳〵騒いでるチンピラに革命か、馬鹿〳〵しい。俺も今はそいつらと同じ事をやってる。それもやらねえよりはましだからな。だけど俺は違うんだ。赤石から金を出さして俺は俺の仲間と新しいものを作る。俺の仲間はな、体をはるんだ。いざという時に命を惜しがるやつなんか一人もいやしねえ。これと思って、ライフルを握りしめて、俺達の革命をかけるんだ。天皇を拝んでいる右翼には何も出来やしねえ。天皇なんてミイラ同然だ。天皇だとか、祖国だとか、奴等、頭の悪い連中が自分を慰めるのには一番良い方法なんだ。俺達の時代になってみろ。天皇なんて埃をかぶった仏像だ。天皇も利用は出来る。ロボットだからな。頭の薄いジジイには一番効く特効薬だ。だが俺は最後にそいつを撃つ。利用価値が無くなった日に、俺はそいつを殺す。きっとだ。」

石井淳にそれをわたす。淳かまえる。

49

汽車の中

窓の外を緑の畑がとんで行く。

石井と淳の二人、向いあってビールを飲んでいる。追い抜く電車。淳達の汽車再びそれを追いこす。

50

喫茶店

石井と淳入って行く。

片隅に集っている五、六人の仲間を見つけると石井つか〳〵と歩いていく。

色々な服装から、仲間の職業がそれ〴〵違う事はすぐわかる。

背広を着た遠井がいる。淳、それに気付い

て驚く。

石井「俺が最後か。」

一同うなづく。

石井「紹介する。うちのラグビー部に入った西村淳。十九だ。」

淳頭を下げる。

遠井ニヤッと笑う。

石井「何時もの通りにやってくれ。細い事はむこうで言う。田舎の事だからたいした事はないと思うけど、無茶やってパクられたりしないようにな、ヤバイから。」

石井ポケットから札を出す。

石井「赤石からだ。」

皆に配る。

淳もけゞんな顔で受け取る。

石井「場所は判ってるな。一時集合だ。じゃ。」

石井と淳出て行く。皆も立上る。

51 広場

労働者ともみ合う警官。右翼。興奮した顔々。
ガナりたてるマイク。
石井、淳赤旗を引きさく。
かかって来る労働者
つきとばす遠井。

52 実の下宿の前の部屋。夜。

前のように女、着物をぬいでいる。

53 実の部屋

窓から覗いていた実、戸が開くのであわててカーテンをしめる。
手に土産をさげた淳入って来る。
淳「ただいま。あゝ疲れた。ぐったりだ。勝ったよ試合。」
実「そうか」

淳「お土産。ゆべしだ。それから羊かんとつくだに。」
実「デラックスだな、どうしたんだ、お金。」
淳「持ってるさ、その位。」
二人、お茶を飲みながら羊かんを食べている。
実「うまいな。久し振りだぜ。羊かんなんてのは。」
淳「今日もバイト?」
実「あゝ。ひまなんだから、かせがなきゃ。」
淳「もうあれから二月だぜ、未だ解除されないの?」
実「二十日に教授会があるらしいから、その時決まるよ。通知が来るだろうけど掲示気をつけといてくれよ。」
淳「うん。それにしても馬鹿な事したもんだな、兄さんも。結局何もなりゃしなかったんだ。」
淳、ガブッとお茶を飲むと布団に入る。
実、力なく、いぶかし気に淳を見るが、睡眠薬を飲んで布団に入る。

54

同部屋

翌朝。

カーテンのすき間から初夏の太陽の光はまばゆい位に兄弟の顔にさし込んでいる。ぐったりとやつれた実の顔には汗がにじんでいる。

輝くように生々とした淳の寝顔。

目ざまし時計のけたゝましい音に実、とび起る。おびえたような表情、やがてぼんやり煙草に火をつける。

淳の手が伸びて煙草を要求している。実与える。起き上った淳、カーテンを開けると服を着け始める。

実「さあ、わからない。行けたら行くよ。」

淳「良い天気だぜ。一緒に行こうや。」

実「先に行けよ。眠たくって……も少し寝るよ。」
淳、実の顔を見てまゆをひそめる。
淳「行こうや、兄さん。たまには気分変えろよ。あまり考えてばかりいると体に毒だよ。」
答えない実。淳さじを投げて部屋を出る。

55 電車通り。

ラッシュ時はとっくに過ぎて人通りも余り多くない。太陽はやはり輝いている。

淳、口笛を吹きながら歩く。

56 邦画の映画館前。

写真を見ている淳、急に暗い顔になる。

かつて見た母と男とのぬれ場と同じようなシーンがある。

淳、あわててそこを去るが再び整然として歩き出す。そして〝勝手にしやがれ〟の大きな看板を見てつぶやく。

「勝手にしやがれ」

57 校門前のアーチ。

「第二十六回大学祭」

58 校庭

紀子とK子講堂の方へ歩いて行く。
K子「どうなの、今頃？」
紀子「……？」
K子「彼とよ。」
紀子「西村さん？」
K子「モチよ。」
紀子「別れたようなもんよ。」
K子「（驚いた表情で）へえ、どうして？」
紀子「変ってしまったのよ、彼。最近は、意気地が悪くなったっていうより、完全にイデオロギーが変ったわ。」
K子「イデオロギー？　関係あるの？　そんな

の。」
紀子「当然よ。それが違ったら恋愛なんて成立しないわよ。」
K子「私今迄つき合った男の人、どんなイデオロギー持ってたのかしら。フ・・・そんなの何にも無い連中ばかりよ。パアばっかり。もっとも私だってあまりお脳が良い方じゃないけどさ。」
紀子苦笑する。

59　プールの横

紀子とK子歩いている。

運動場では今日もラグビー部が練習試合をやっている。

K子「大学祭の時位休めばよいのに。毎日々々良くあきないわね。気違いみたい。あゝ、あれ西村さんの弟よ。」

紀子、目で探す。

K子「ほら、あ、今走った。ボール持ったわ。あれあれよ。」

紀子、淳の姿を見ながら歩いている。

60　運動場

ルーズスクラムを組んでおし合う淳達。

淳達ズッ〳〵とおされる。

淳、ひざで、前の選手の顔面をける。

「うっ」と顔をおゝう選手。

淳達押し返す。ボールは淳達のバックを流れている。汗をダク〳〵流している淳、太陽をまぶし気に見ると走り出す。

61　講堂

ダンスパーティが行われている。

バンドの演奏。踊る学生男女。

ラグビー部員達、制服で入って来る。

真先に女生徒に申し込みに行くキーさん。

キーさん「踊りましょう。」
女生徒「踊れないんです。」
キーさん「踊りませんか。」
隣りの女生徒「疲れてますから。」
キーさん「踊っていただけませんか。」
その隣の女生徒「……。」
キーさん「（勢い込んで）踊りましょう。」
同じ女生徒「お断りします。」
　キーさん全くしょげてしまう。
　派手な服装の春子、キーさんの肩をポンとたゝく。
春子「何ぼんやりしてるの。踊りましょう。」
　ゲンナリしたキーさん、手を取られたまゝ、中央へ行き手を組む。

62　同講堂

　ブルースが流れている。
　踊っている淳と紀子。淳のリードは少々硬い。
紀子「兄さんは何してるの？　毎日。」
淳「寝てます。」
紀子「停学が解除されたらね……。」
淳「ダメですよ。もう。兄貴は何もやる気がなくなっています。」
紀子「そんな事ないわ。立直ると思うわ。（気持を変えるように）ラグビー面白い？」
淳「えゝ。」
紀子「兄さんと随分違うのね。彼は負けたのかしら。あなた兄さん好き？」
淳「嫌いです。」
紀子「どうして？」
淳「前の兄貴は好きでした。今はもうこっちが見るに耐えないような気がするんです。今の兄貴を見ると腹立たしいような恐いような気がする……。」
　キーさんと春子のペアーが近付いて来る。

しなだれかかった春子に困ったような表情を淳にする。

63　**校庭。夜。**

大学祭最後の行事、ファイアーストーム。
暗い校庭に炎は異様な迫力を持っている。
歌声。

64　**校門。**

京子の車が停っている。淳車の方へ歩いて来る。車の中では、石井、京子、美千子の三人が待っている。
淳「やあ、ごめん。」
石井「さあ、行こうか。」
京子「出発!!」
　石井がハンドルを握り隣に京子。うしろのシートには淳と美千子が乗り込む。車走り出す。

　うしろにファイアストームの赤々とした炎。

65　**銀座**

四人を乗せた車が走る。

66　**車中**

　石井の肩に頭をもたれたまま
京子「この間どうだった？　恐くなかった？」
淳「恐くなんかないよ。面白かったよ。ラグビーと一緒さ。」
京子「いゝ度胸ね。将来性あるわね、石井さん。」
石井「あゝ。畜生、抜かれたな。とばすぞ。」
　美千子ウイスキーをとりだす。
美千子「飲む？」
淳「うん。」
　淳、飲むと美千子にわたす。美千子一口飲む。

京子「ミッチイ。ちょうだい、私にも。」
受け取ると一口飲む。

67 **郊外**

四人の車速力を増す。

68 **飲み屋**

屋台よりちょっとましな程度の小さな汚い店。

お客は六、七人いる。

店の女達は三人。皆間が抜けた顔をしている。

肩を丸くして坐っている実。

実「君、君、お酒まだ?」

女初めて実に気づく。若い女。くたびれたような顔に厚い化粧がとても下品だ。

女「はい、どうもすみません。こちらお酒ね。」

店の男「はいっ。お酒ね。」

実不機嫌そうに新聞を手にとり煙草をくわえて目を通す。

女のゲラ〳〵という笑い声の方に実目をやる。品のない若い女とヨタ者風の男。店の女の
「じゃ今晩はゆっくりお楽しみね」という
セリフが聞こえる。笑い声。

69 **夜の国道**

回転する風車。右に左に移動する。

右からもう一つ入る。更に左から。

タン車の後について風車だ。

石井の車それをぬく。女達奇声を上げる。

タン車の連中も答える。

70 **熱海あたり**

左側に海。旅館の光々とした灯は右手だ。

車は走る。歓声を上げる京子、美千子、淳。

71　熱海

土産屋の前に車を停めて女達と淳おりる。果物ウイスキー等買う。男の店員が包んでいるすきに京子と美千子、店のコンビーフ、ウイスキー等を車にそっと運ぶ。淳買った品物を受け取る。店員ちょっとけゞんな顔をする。京子、車から投げキッスをする。

京子「ヘイッ！　レッツ・ゴー！」

車走り出す。

72　飲み屋の出口

実ちょっとフラ〳〵しながら出て来て。

女「有難うございました。あら、お客さん、お勘定。」

実「あゝ、そうか。」

金を渡す。店の男、ギロッと実を見る。

女「又どうぞ、ねっ。」

変な媚を作る。

73　新宿あたり。夜。

実歩いて行く。

遠くから労働歌が聞えて来る。だん〳〵近づく。実反対の方向に歩き始める。が、そちらからも聞えて来る。実横道に入る。

今度はデモにぶつかる。チョウチン行列が長々と続き、〝安保反対〟のプラカードが蠢めく。

〝……ひるまず進め我等の友よ、敵の鉄鎖を打ち砕け〟

それを横切ろうとする実、だがなか〳〵通れない。実やっとぬけ出ると警官隊のわきを通ってコソ〳〵と暗い小路に入る。

〝…聖なる血にまみれよ。とりでの上に我等の世界、築きかためよ、勇く〟

ワルシャワ労働歌が響く。

74
薄暗い小路
トボ〱歩く実。
すべてを拒否しようとする人間の孤独さ。

75
箱根
有料道路を走る淳達の車。

76
旅館〝野菊〟の前。

大きな旅館である。

その前に彼等の車停る。

女中達、五、六人がすぐかけ寄る。

「いらっしゃいませ。」

「お疲れさまでございます。」

「さあ〱どうぞ。」

77
同旅館の一室
女中が浴衣を持って来る。番頭もあいさつに来る。

京子「番頭さん、牧野さん呼んで来て。」
番頭「はっ、あの、支配人さんでございますか。」
京子「そうよ。」
番頭「は、たゞいま呼んでまいります。」
男達二人窓から外を視めている。
京子と美千子は浴衣に着換えている。
京子「あなた達も着換えなさいよ。」
石井「あゝ」
支配人牧野が入って来る。
牧野「やあ、いらっしゃい。お嬢さんですか。いやいや牧野を呼んで来いなんて、誰かと思いましたよ。お父さんも相変らず元気でしょうな。」
京子「えゝ、元気よ。」
牧野「あゝ、そりゃあ結構でございます。まあ、ゆっくりくつろいで下さい。箱根もこれからはめっぽう忙しくなりますよ。お泊りは、一晩でございますか。何でもお言いつけになって下さい。じゃあ、ちょっと失礼させてもらいますよ、又後でまいります。何しろ、ずいぶんたてこんでいますので。どうぞ、ごゆっくり。」

牧野出て行く。

石井「何だい、ありゃ。」

京子「親父の子分よ。この旅館、親父が作ったのよ。どう。ワリカシでしょ。あゝ女中さん、お部屋は二つね。」

女中「はいっ。」

78　同旅館の風呂

淳と石井入っている。

淳「あーあ、いい気持だ。」

水道に口を当てゝ水を飲む。

淳「ビールうまいだろうな。彼女の親父もまんざらでもないすね。旅館までやってるとは知らなかった。」

石井「ああいう女は利用出来るだけやらなきゃ損だ。お前、どっちと寝たい？　今夜。」

淳「京子さんは石井さんでなきゃ駄目でしょう。僕はミッチイの方いきますよ。体は彼女の方があるようだし。」

石井「はりきってるな随分。」

淳「へへ。未だ女に飽きるとこ迄行ってないすからね。」

石井、湯を淳の頭にザブリとかける。

（WIPE）

79　同じ浴室

京子と美千子、湯船から足を延ばして比べている。京子はジャズを口ずさんでいる。

美千子「我ながら良い足ね。男の子がゾクッと来るのも無理ないわ。」

京子、美千子の足をつねる。美千子大げさな悲鳴を上げる。
京子「ねえ、淳ちゃん、何かすごくはりきってたわよ。あの分じゃ、今晩相当激しいな。あんた大丈夫？」
美千子「大丈夫よ。あゝ、始めての相手てのは楽しいわ。コンディション整えよう。」
足の屈伸を始める。

80 飲みや〝さくら〟

表面は小さな飲みや街だが青線の一部。暗い階段を女に連れられて上る実。実つまづいてたおれる。

女「大きな音たてないでよ。今頃はうるさいんだから。」

実、そろ〳〵階段を上る。女、ふすまを開ける。

81 〝さくら〟の一室

三畳の間は敷かれた派手な布団で足の踏み場もないくらいだ。スタンドがあり壁には古雑誌の切抜き等がはってある。女、服をぬぎ始める。

女「服着たままじゃ出来やしないでしょ。早くしてよ。」

実、上着をとる。

82 同部屋

二人、布団の中に入っている。
枕もとには目ざまし時計が置いてある。
女「（時計を指して）二十分よ。タイムでしょ。」
実「あゝ。」
女「（実をチラッと見て）憂うつそうね。厭なら来なきゃ良いのよ。（スタンドを消す）二十分よ。」

83　〝野菊〟の一室。

四人、ビールを飲んでいる。京子は石井にしなだれかかっている。その体を石井は習慣的に愛撫している。美千子は浴衣から足を伸ばして淳と足をつつきながらたわむれている。

京子「(鼻声で) ねえ、眠たいわ、もうやすまない。」

石井本当にあくびをする。淳、美千子の体をかゝえて隣の部屋に入っていく。

84　淳と美千子の寝室

部屋は暗く、ぼんやりと二人の体が見える。淳の顔は真剣である。ラグビーをやる時、デモ隊と殴り合った時と同じように、何かにいどみかかるような表情。

美千子のうれしそうな笑声。

85　石井と京子の寝室

京子「どうしたのよ。何考えてんの。もっと抱いて。この間みたいにしてよ。」

石井の冷い顔。

石井、急に激しく抱き、接吻をあびせる。

京子「(うれしそうに) フゝゝ。どうしたのよ、急に。馬鹿ね。」

京子、激しく石井に接吻する。

86　暗い道

青線の通りである。店先に女達が退屈そうに立っているが、人通りはほとんどない。実が歩いている。その横にポン引風の若い男がしつこくつきまとっている。

男「兄さん、よってけよ。いゝ子世話するぜ。土曜じゃねえか、遊んでけよ。」

実、全く無視して歩く。

男「どうだい。え、おい、黙ってちゃわからねえや。え、おい、何とか言わねえか。待て、こんねやろう。」

実の前にまわるといきなり殴りつける。

男「なめんじゃねえや。こんねやろう、畜生、この学生野郎。」

倒れた実のわき腹を更に二、三回けると去って行く。実やっと立ち上ると手で顔をぬぐう。

血がにじんでいる。

そして、しょんぼり、意識の無くなった人間のようにフラ〳〵歩きだす。

87 道路

もう夕方である。

淳達四人を乗せた車、淳の下宿前で停まる。

88 車の中

石井運転席からうしろを向いて、

石井「着いたぞ。チエッ。」

美千子と淳、抱き合って接吻している。

89 淳の下宿の前

ひやかされながら車を出る淳。

女二人「バイ〳〵。」

美千子「又今度ねっ。」

車、Uターン。淳、家に入る。

90 淳の下宿

淳、階段を登ろうとするが管理人のおかみさんに呼びとめられる。

おかみさんは寝間着をだらしなく着ている。

おかみさん「部屋代いつ払ってくれるんですか。早く入れて下さいよ。」

淳「兄さん、未だ払ってませんか？」

おかみさん「払ってませんかじゃないわよ。二、三日二、三日って延びっぱなしなんだから。

明日迄ですよ、絶対に。」
淳「はあ。」
おかみさん部屋に入って行く。
淳、便所から出て来る。
管理人の部屋のとこを通るとおかみさんと主人の会話が聞える。
主人「何してるんだ。早くしろよ。」
おかみさん「何よ、こんなに早くから。」
淳、舌打ちすると階段を上る。

91　実と淳の部屋

淳が入ると、実服を着ている。
淳「ただいま。おっ、顔どうしたの。（うれしそうに）喧嘩だな。」
実「喧嘩？　俺がか？　俺は喧嘩なんかしない。一生やらない。」
淳、驚く。
淳「部屋代未だ払ってないの？　今下で催促されたよ。明日迄に払えって。」
実「何んとかするよ。」
実、部屋を出ようとする。
淳「何処行くんだい。」
実「バイトだ。」
実、出て行く。

92　喫茶店〝ボエーヌ〟

大衆的な喫茶店である。テレビがあり、相撲の実況をやっている。
実、隅の方に一人で待ってる紀子を見つけて近寄る。
実「何だい、話ってのは。」
紀子の目は緊張している。実、ウェイトレスにアイスコーヒーを注文する。
紀子「始めに弟さんの事を言うわ。彼、右翼に入ってるの知ってる？」
実「え？」

紀子「この間の国会デモに来てたわ。ラグビー部のキャプテンも……。それに、もう一人思いがけない人がいたのよ。誰だと思う？」

実「……？」

紀子「遠井さんよ。」

実「遠井？　あいつが右翼に？」

紀子「絶望的ね。私も自信なくなって来たね。」

実「やめるのか。」

紀子「やめてどうするのよ。今のあなたみたいになれっていうの？　遠井さんのように右翼にでも入れっていうの？……。弟さんがあんなふうなのあなたにも責任があると思うわ。言ってたわ、あなたを見てると恐いような、腹立たしいような気がするって。だから余計反対の方へ走ろうとするのよ。何でも良いから走ろうとするのよ。あなたのようになりたくないんだわ。」

実「俺の事はもう言わないでくれ。俺はもう君とは関係の無い人間だ。呼吸する世界が違ってしまったんだ。」

紀子「違いはしないわよ。あなたは踏みとどまるわ。他に方法ないじゃない。何処へ逃げ出すの？」

実「何処かだ。何時かは……」

紀子「（激しく）だめよ。不可能だわ。八方壁どうしようもないのよ。」

テレビの実況。

紀子「教授会で決定したわ。」

実「……（息をのんで言葉を待つ）」

紀子「退学、退学処分が決定したわ。」

実、言葉も出ない。

紀子「どうする？　このまゝ何もかも諦める？　闘わないの？　逃げればますく押されるだけよ。何処迄行っても追われる、完全な逃避なんてあると思ってるの。」

実は動かない。

テレビの実況が終りお客は立上るとゾロ〱出て行く。

「ありがとうございました。〱」という声が聞える。ガタ〱とかたずける音。

実「やるよ。他に何もない。はっきりとしたよ。逃げられないんだ。尻をまくって坐りなおそう。」

紀子、うれしさにたまらず実の手を握りしめる。

実ストローを使わず、コーヒーを一気に飲みほす。

93 街頭。

木の壁にのりがベタ〱ぬられ、その上にはられるのは右翼の宣伝びら。
カメラは左に移動する。電柱。同じようにビラはられる。カメラ更に移動。
淳の声「もっと大きな事やらして下さい。ビラはりなんて、物たりなくて。何でもやりますよ。すごい事だったら。」
石井の声「兄貴退学だってな。」
〝安保反対〟のビラを引きさくと、その上に又のりをぬる。
淳の声「馬鹿な兄貴だ。石井さん、僕も仲間の活動やらして下さい。僕等のやる事がうんと政治に現実的な力を持つって事を見せてやりたいんです。」

94 繁華街の夜。

実、歩いている。黒山の人だかりがあるのでのぞいてみる。淳と石井が四人の与太者風の男達と乱闘している。石井一人を殴り倒し、倒れるところを淳が下からけりあげる。一人の男ナイフをぬくと、やにわに淳の肩を刺す。

「うっ」と倒れる淳。

95　病院。

看護婦が淳の肩にほうたいをまいている。

未だ興奮さめぬ淳の顔。石井と実が側に無言で立っている。

96　実と淳の部屋

淳は布団に寝ころんでいる。

実「痛むか？」

淳「大した事はない。」

実「もう馬鹿な事をするな。今度はひどいめに合う。」

淳「（興奮のせいか口調が荒い）俺は兄さんとは違うんだ。喧嘩を売られて逃げる程卑怯じゃない。」

実「それはそれで良い。体を張るなら、もっと考えてはれ。」

淳「考えるなんてあき〳〵だよ。兄さんが見本だ。考えるだけで何もしないじゃないか。退学くっておめ〳〵引きさがる。俺はやるよ。もっと勇敢に生きるんだ。」

実「危険だよ。お前の考えてる事は。どこかが狂っている。」

淳「勝負しよう。どっちが正しいか。俺が勝つか、兄さんが勝つか。」

向いあった二人の顔。両方の顔に傷がある。

97　新聞紙面

〝国会はいよ〳〵大詰め〟

〝安保をめぐって激しい対立〟

98　テレビ

国会安保審議のニュース。

99　実達の大学

シト〳〵と雨が降っている。

実の退学処分を掲示した掲示板がぬれる。

100

銀座

雨。

労働者のデモが行く。

101

国会前。

小雨の夜。

警官隊のバリケードに向い合う学生。

右翼のスピーカーがわめく。

思いつめた表情の実。

肩の痛みをこらえて待ちかまえている淳。

二人の顔に雨が流れる。

102

同じ場所

激しくおし合う警官と学生。赤旗がゆれ右翼の竹ざおがふられる。

バリケードを破ってなだれ込む学生達。

追う右翼、警官。

学生達へいによじ登る。

へいの上から叫ぶ実の興奮した声。

実、「きゃっ」という女の声にふりかえる。紀子だ。へいの上で、右翼の一人に髪をひっぱられている。

実、うしろから行って男の背をつきとばす。「あっ」とふり向いた男、淳だ。屋根をつかもうとしたが肩が利かない。さっと下へ落ちてしまう。

103

国会前

タンカで運ばれる淳。

両側から警官にかこまれて連行される実の顔は、怒ったように、硬く興奮している。

104

ぎら〳〵輝く太陽

もう夏だ。

105 淳と実の部屋

煙草のけむり。実と淳、ぼんやりとすっている。

実、うつろな目で、前の部屋の女の着換えをかつてのように視めている。

実、シャツを着る。

淳「どこへ行くんだい。」

実「バイトだよ。ひまなんだから……」

淳「夏休み家へ帰るかい。」

実「いや。おまえは？」

淳「やめるよ。」

実、出ようとする。

淳「俺も出るよ。」

立上る。かなりびっこをひいている。

106 道路

交差点。

二人わたる。

実「じゃ」

淳「あゝ」

実、とぼ〳〵と歩いて行く。

淳、盛場の方へ、ビッコをひきながら歩いていく。

＊沖島勲が最初に書いたシナリオである『イン・ザ・ホール』に関する沖島のコメント。

大学一年（日大映画科）の時、入るとスグ、プロットを書かされた。『イン・ザ・ホール』というプロットを出した。授業で優秀なものから、先生が朗読して行った。待てど暮らせど私のものは出て来なかった。６月頃になってやっと、〝まさか一年生がこんなもの書ける訳がない。盗作だと思っていたのだが、研究室で調べると…〟の前置きで、私のプロットの朗読が始まった。ヤレヤレだった。（DVD-BOX『沖島勲全集』パンフレットより抜粋）

沖島勲略歴…………。

一九四〇年、電気工事士の父と、母の間の五人きょうだいの次男として大阪に生まれる。戦時中は父方の実家がある岡山県成羽町木ノ村（現・高梁市）に母と疎開。戦後、中学二年生まで当地で過ごしたのち、大阪府尼崎市に転居する。

高校卒業後、福島大学経済学部に入学、演劇部に所属した。その後、日本大学芸術学部映画学科に再入学し、一九六〇年六月に「映画研究会（日本大学芸術学部映画学科映画研究会）」の後続組織「新映研（日大芸術学部新映画研究会）」に入り、一年上の足立正生らと『椀』（一九六一年）や『鎖陰』（一九六三年）を製作。

大学卒業後、石井輝男、吉田喜重、渡辺護、若松孝二らの助監督を務め、若松孝二監督作『性の放浪』、『性犯罪』等の脚本も出口出名義で執筆。一九六九年に「若松プロ」製作による『ニュー・ジャック・アンド・ヴェティ』で映画監督デビュー。

七〇年代に入るとアニメーションのシナリオライターとしての仕事が中心となり、一九七五年より放映開始のTVアニメ「まんが日本昔ばなし」のメインシナリオライターとして、「舌切り雀」から一九九四年放映の「葛城仙人」まで、全一四七四話中の約一二三〇話の脚本を執筆。

一九八九年、二〇年ぶりの監督作品『出張』が公開される。一九九五年にピンク映画『したくて、したくて、たまらない、女。』、一九九九年に『YYK論争　永遠の〝誤解〟』を監督し、二〇〇五年にはそれまでの全映画作品四本をまとめたDVD-BOX『沖島勲全集』がリリースされた。また、二〇〇一年より二〇〇七年まで、熊本県にある私立大学崇城大学の芸術学部教授を務めた。

二〇〇七年、阿藤快を主演に迎え、若い世代の映画スタッフたちと『一万年、後....。』を制作し公開。二〇〇九年には、沖島勲自身が、玉川上水の久我山から井の頭公園に至る沿道を散歩する姿を追ったドキュメンタリー『怒る西行　これで、いーのかしら。（井の頭）』を少人数のスタッフと撮影し、翌年公開。二〇一三年、遺作となった『WHO IS THAT MAN!?　あの男は誰だ!?』が公開された。

二〇一五年七月二日、肺がんのため、永眠。七四歳。

編集覚書…………………………………………………………。

本書は映画監督・沖島勲が映画化を前提に書き溜めていたシナリオを集成したものです。

生前、沖島さんは、自身の仕事の総括的・回顧的な本ではなく、映画を志す若い人へ、自分のような映画との携わり方があることを示す本を出したいと、私に話し、その思いを聞き届けた私は、沖島さんと未映画化シナリオ数本とご自身の映画制作への姿勢を示す解題・エッセイをまとめた本の準備に入りました。

ここに集成された未映画化シナリオ五本と、童話「狐と千鶴子とハーモニカ」は、生前の沖島さんとの打ち合わせのなかで、本書への収録を決めていたものです。

当初はそれぞれのシナリオに沖島さんご自身の解題を付す予定でしたが、健康状態がそれを許さず、その代わりとして雑誌等に発表された原稿から、沖島さんの映画制作への携わり方を伺い知ることができる文章を三篇収録しました。

沖島さんの急逝ののち、本書の編集を進めていく段階で、書斎の隅々を拝見させていただき、手書きのシナリオや原稿、大学での授業の準備のためのノートから、雑多なメモまで、個人的なものも含めて様々な遺品・資料を閲覧することができました。そのような機会を与えてくださった柚里夫人に、深く感謝いたします。

また、本書の企画段階で助言をくださった西山洋市氏、本書刊行にあわせて沖島監督の全作品上映を企画してくださったポレポレ東中野の小原治氏、後年の沖島作品の若きスタッフであった宇波拓氏と山川宗則氏からは、本書の編集過程において多くのご助力を得ました。ありがとうございました。

こうして公けになった本書が、沖島さんと話した通りの本になったかどうかは分かりませんが、収録された未映画化シナリオを読めば、沖島さんの映画への姿勢を様々に感じることができるのではないかと思います。本書が若い映画制作を志す人々に読まれることを切に願います。

書肆子午線　春日洋一郎

モノローグ ──戦後小学生日記──
沖島 勲 未映画化シナリオ集成
著者 沖島 勲
2016年7月15日 初版第1刷発行
発行者 春日洋一郎
発行所 書肆 子午線
〒360-0815 埼玉県熊谷市本石2丁目97番地
電話 048-577-3128/FAX 03-6684-4040
URL http://www.shoshi-shigosen.co.jp
装幀者 田代しんぺい
印刷・製本 七月堂
定価 3200円+税
ISBN978-4-908568-03-9 C0074